工业和信息化高职高专
“十二五”规划教材立项项目

高等职业院校通识教育“十二五”规划教材

经济数学基础

Economic Mathematics

冯所伟 主编
田飞 张丹丹 副主编
卢惠萍 主审

人 民 邮 电 出 版 社
北 京

图书在版编目（CIP）数据

经济数学基础 / 冯所伟主编. -- 北京 : 人民邮电出版社, 2014.9（2020.8重印）
高等职业院校通识教育“十二五”规划教材
ISBN 978-7-115-36542-2

Ⅰ. ①经… Ⅱ. ①冯… Ⅲ. ①经济数学－高等职业教育－教材 Ⅳ. ①F224.0

中国版本图书馆CIP数据核字(2014)第186249号

内 容 提 要

本书是作者在多年教学实践基础上，总结教学改革经验，并吸收同时期优秀教材成果编写而成的，主要内容包括函数与极限、导数与微分、导数的应用、不定积分与定积分等。

本书力求做到用通俗易懂的语言和常规思维表达数学基础知识及相关概念；淡化理论，突出应用；整体结构清晰，前后呼应，条理清楚；知识点、例题要点明确，章节练习与之对应，练习题均配有参考答案，便于教师的教学和学生的学习。

本书既可作为高职高专经济与管理类专业的教材，也可作为相关工作人员的参考书及培训用书。

◆ 主　　编　冯所伟
副 主 编　田　飞　张丹丹
主　　审　卢惠萍
责任编辑　刘　琦
责任印制　杨林杰

◆ 人民邮电出版社出版发行　北京市丰台区成寿寺路 11 号
邮编　100164　电子邮件　315@ptpress.com.cn
网址　http://www.ptpress.com.cn
北京天宇星印刷厂印刷

◆ 开本：787×1092　1/16
印张：8.5　2013 年 9 月第 1 版
字数：190 千字　2020 年 8 月北京第 7 次印刷

定价：22.00 元

读者服务热线：(010)81055256　印装质量热线：(010)81055316
反盗版热线：(010)81055315
广告经营许可证：京东市监广登字 20170147 号

前 言

“经济数学”是高职高专经济与管理类专业的重要基础课程，但目前国内适合于高职高专教学使用的较为成熟的经济数学教材非常匮乏，教材建设落后于高职高专教育改革发展的需要。本书是编者在多年教学研究的基础上，结合高职高专经济与管理类专业的特点，总结近年来的教学改革经验编写成的。本节有以下特点。

(1)尽可能把数学写得通俗易懂，用常规的顺序思维进行描述。

本书最大特点是尽可能把数学讲得通俗易懂，深入浅出，无论是语言还是数学的符号公式以及图表等，都尽可能表达得简单或简洁，在确保用语准确的同时尽可能使用贴近生活的表述，并且按照常规的顺序思维进行描述，尽量避免出现难以理解的纯数学思维。

(2)体现数学在经济中的基本应用，且保持基本的数学知识体系。

经过多次的改革与尝试，本书尽可能为经济与管理类专业服务，对涉及的相关概念及应用进行了简明且到位的介绍与分析，提倡“够用”，但不提倡“专业化”。因此，本书涉及的数学知识体系完整，结构清晰，前后呼应连贯，表述一致，基本没有出现多余的知识点，且已根据目前高职高专学生的实际数学知识与水平对内容和结构的难度进行了大幅度调整。

(3)重视数学的一般方法，轻纯数学思维与解题技巧。

本书非常重视对知识要点的归纳总结，分析思路清晰到位，特别是根据高职高专整体教育改革的实际要求，重视数学的可操作性与一般的方法论，对纯数学的思维与专门的技巧尽可能避开，因此，本书具有普适性的指导作用，在方法上与其他课程的学习可以做到互相融通，促进其他专业课程的学习，并为学生以后的继续成长打下良好的基础。

(4)本书习题丰富，与课内介绍的知识要点相对应，大部分的习题属于模仿与强化类型，可起到巩固强化与加深理解的作用，所有习题均配有参考答案。

本书由海南经贸职业技术学院冯所伟任主编，负责对全书进行统稿，并负责编写第二章与第三章主要内容、全部的复习题及其参考答案和附录部分；海南经贸职业技术学院田飞任副主编，负责编写第一章主要内容；海南经贸职业技术学院张丹丹任副主编，负责编写第四章主要内容；海南经贸职业技术学院卢惠萍任主审。

本书在编写过程中，得到人民邮电出版社的大力支持和帮助，也得到海南经贸职业技术学院领导的支持与指导。在此一并深表谢意。

由于编者水平有限，书稿中难免存在不妥之处，恳请读者批评指正。欢迎各位读者与编者交流讨论并提出建议，编者电子邮箱：809635632@163.com。

编　者

2014 年 6 月

目 录

第一章 函数与极限

第一节 函数的概念与基本性质

一、函数的概念

1. 函数的定义

定义 1-1(函数定义) 已知变量 $x\in D, y\in M$。对于 $\forall x\in D$,在某种法则 f 的作用之下(即进行了某种运算),存在唯一的 $y\in M$ 与之对应(相等),记作 $f:x\to y(f(x)=y)$。此时称 x 为自变量,$y(=f(x))$为因变量(函数),x 的取值范围 D 称为定义域,y 的取值范围 M 称为值域。

例如,$D=\{2,3,4\}, A=\{1,4,9,16,25\}$,$f$ 为进行平方运算,则对于 D 中的每一个数 2、3 和 4,在 f 的作用之下(进行平方运算),分别得到 4、9 和 16,均是属于 A 中的唯一数,即 A 中都存在唯一的数与之对应(相等)。

此时分别记作 $f:2\to 4, f:3\to 9$ 和 $f:4\to 16$

更一般地记成 $f(2)=4, f(3)=9, f(4)=16$

上式可以分别写成 $f(2)=2^2=4, f(3)=3^2=9, f(4)=4^2=16$

用变量统一表示成式子 $y=f(x)=x^2, x\in\{2,3,4\}$,其中称 x 为自变量,称 $y=x^2$ 或 $f(x)=x^2$ 为函数,函数的定义域是 $D=\{2,3,4\}$,值域是 $M=\{4,9,16\}$(此时值域不是 A)。

$f(2)=2^2=4$ 称为"当自变量 $x=2$ 时,函数值 $y=2^2=4$ 或 $f(2)=2^2=4$",此式可看成是把 $y=x^2$ 或 $f(x)=x^2$ 中的 x 替换成 2 得到的,此替换(代入)过程称为求函数值。

2. 求函数值

由以上分析可见,当知道了一个函数的表达式和对应的变量值时,可以通过代入(即替换)的方式求得对应的函数值。

例 1 已知函数 $f(x)=x^2-2x+5$,求 x 分别取 $3, a, h, x_0+\Delta x$ 时的函数值。

解:把 $f(x)=x^2-2x+5$ 中的 x 分别替换成 $3, a, h, x_0+\Delta x$,并计算,可得

$f(3)=3^2-2\times 3+5=8, f(a)=a^2-2a+5, f(h)=h^2-2h+5$,

$f(x_0+\Delta x)=(x_0+\Delta x)^2-2(x_0+\Delta x)+5$。

3. 分段函数

定义 1-2(分段函数) 函数 $f(x)$的定义域 D 被分成有限个区间,若在各个区间上函数的表达式(对应法则)或在区间端点处的函数值不完全相同,则称这样的函数为分段函数。

常见的分段函数有:

(1) $y=|x|=\begin{cases} x, & x\geqslant 0 \\ -x, & x<0 \end{cases}$,也称为绝对值函数,其图像如图 1-1 所示;

(2) $y=\operatorname{sgn}x=\begin{cases} 1, & x>0 \\ 0, & x=0 \\ -1, & x<0 \end{cases}$,也称为符号函数,其图像如图 1-2 所示。

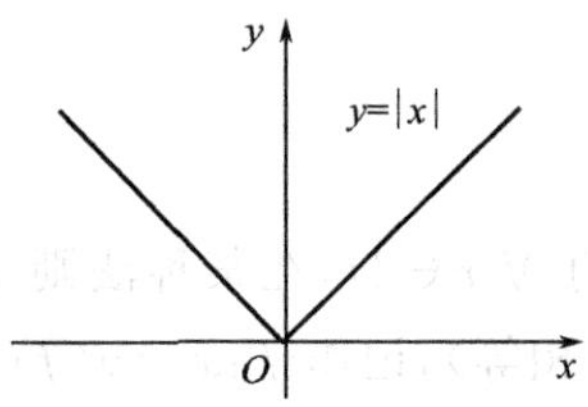

图 1-1

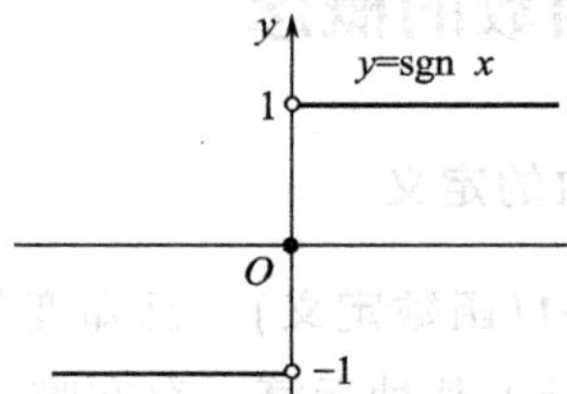

图 1-2

例 2 求函数值。

(1) 若 $f(x)=\begin{cases} 2^x, & -1\leqslant x<0 \\ \sqrt{1-x^2}, & 0\leqslant x<1 \\ x-1, & 1\leqslant x<3 \end{cases}$,求 $f\left(-\dfrac{1}{2}\right)$,$f(0)$,$f(2)$;

(2) 若 $f(x)=\begin{cases} |\sin x|, & |x|<1 \\ 0, & |x|\geqslant 1 \end{cases}$,求 $f\left(\dfrac{\pi}{2}\right)$,$f\left(\dfrac{\pi}{4}\right)$,$f\left(-\dfrac{\pi}{4}\right)$。

分析:对于分段函数,求函数值时,应使用自变量所在区间对应的表达式进行计算。

解:(1) 因为$-\dfrac{1}{2}\in[-1,0)$,所以 $f\left(-\dfrac{1}{2}\right)=2^{-\frac{1}{2}}=\dfrac{\sqrt{2}}{2}$;

因为 $0\in[0,1)$,所以 $f(0)=\sqrt{1-0^2}=1$;
因为 $2\in[1,3)$,所以 $f(2)=2-1=1$。

(2) 因为$\left|\dfrac{\pi}{2}\right|>1$,所以 $f\left(\dfrac{\pi}{2}\right)=0$;因为$\left|\pm\dfrac{\pi}{4}\right|<1$,所以 $f\left(\pm\dfrac{\pi}{4}\right)=\left|\sin\left(\pm\dfrac{\pi}{4}\right)\right|=\dfrac{\sqrt{2}}{2}$。

4. 求函数的定义域

当给出一个函数的表达式时,常需要根据情况进一步确定函数的定义域,常见的求函数定义域的基本情况如下:

(1) 对于分式$\dfrac{P(x)}{Q(x)}$,必须有分母 $Q(x)\neq 0$;

(2) 对于偶次根式$\sqrt[2n]{Q(x)}$(n 为正整数),必须有被开方的式子 $Q(x)\geqslant 0$;

(3) 对于对数式$\log_a Q(x)(a>0,a\neq 1)$,必须有真数$Q(x)>0$;

(4) 对于反正弦式 $\arcsin Q(x)$和反余弦式 $\arccos Q(x)$,必须有$-1\leqslant Q(x)\leqslant 1$;

(5) 对于实际问题,要根据实际数值的范围确定定义域。

在求定义域时,应根据以上所列的几种基本情况,列出不等式或不等式组,再进一步求解,得到的不等式或不等式组的解(集)即为函数的定义域。

例 3 求下列函数的定义域。

(1) $f(x)=\dfrac{\sqrt{25-x^2}}{x^2-9}$;

(2) $f(x)=\dfrac{x-1}{\ln x}+\sqrt{16-x^2}$。

解:(1) 根据函数的表达式,要使得函数成立,则有以下不等式组成立:

$$\begin{cases}25-x^2\geqslant 0\\ x^2-9\neq 0\end{cases}\Rightarrow\begin{cases}-5\leqslant x\leqslant 5\\ x\neq\pm 3\end{cases}\Rightarrow -5\leqslant x<-3\text{ 或 }-3<x<3\text{ 或 }3<x\leqslant 5$$

因此函数的定义域为$[-5,-3)\cup(-3,3)\cup(3,5]$。

(2) 根据函数的表达式,要使得函数成立,则有以下不等式组成立:

$$\begin{cases}x>0\\ \ln x\neq 0\\ 16-x^2\geqslant 0\end{cases}\Rightarrow\begin{cases}x>0\\ x\neq 1\\ -4\leqslant x\leqslant 4\end{cases}\Rightarrow\begin{cases}x\neq 1\\ 0<x\leqslant 4\end{cases}\Rightarrow 0<x<1\text{ 或 }1<x\leqslant 4$$

因此函数的定义域为$(0,1)\cup(1,4]$。

例 4 函数 $f(x)=\dfrac{1}{x}+\sqrt{1-x^2}-\cos x$ 的定义域是______。

分析:要使上述函数有意义,x 必须满足$\begin{cases}x\neq 0\\ 1-x^2\geqslant 0\end{cases}$,解得$\begin{cases}x\neq 0\\ -1\leqslant x\leqslant 1\end{cases}$,即$-1\leqslant x<0$或 $0<x\leqslant 1$,所以函数 $f(x)$的定义域是$[-1,0)\cup(0,1]$。

例 5 求下列函数的定义域。

(1) 若 $f(x)$的定义域是$[-4,4]$,求 $f(x^2)$的定义域;

(2) 若 $f(x)$的定义域是$[0,3a](a>0)$,求 $f(x+a)+f(x-a)$的定义域。

(3) 若函数 $f(x-2)$的定义域是$[-1,3]$,求 $f(x)$的定义域。

分析:对于此类函数求定义域,只须记住两点:(1)对于相同的函数符号,其括号内的表达式范围相同;(2)函数的定义域指的是自变量 x 的范围。例如,对于(1)的 $f(x)$与 $f(x^2)$,f 是相同的函数符号,因此,其括号内的表达式 x 和 x^2 的范围相同,由此可解如下。

解:(1) 根据题意,得不等式$-4\leqslant x^2\leqslant 4$,即 $0\leqslant x^2\leqslant 4$,

解得$-2\leqslant x\leqslant 2$,因此 $f(x^2)$的定义域为$[-2,2]$。

(2) 根据题意,得不等式组:

$$\begin{cases}a>0\\ 0\leqslant x+a\leqslant 3a\\ 0\leqslant x-a\leqslant 3a\end{cases}\Rightarrow\begin{cases}a>0\\ -a\leqslant x\leqslant 2a\\ a\leqslant x\leqslant 4a\end{cases}\Rightarrow a\leqslant x\leqslant 2a\text{ 且 }a>0$$

解得 $a\leqslant x\leqslant 2a\,(a>0)$,因此 $f(x+a)+f(x-a)$的定义域为$[a,2a]\,(a>0)$。

(3) 对于 $f(x-2)$和 $f(x)$,由于函数符号 f 相同,其括号内的表达式范围相同,即$x-2$

与 x 的范围相同；而由"函数 $f(x-2)$ 的定义域是$[-1,3]$"，可得自变量 $x\in[-1,3]$，故有 $x-2\in[-3,1]$，又有 $f(x-2)$ 中 $x-2$ 与 $f(x)$ 中 x 范围相同，因而函数 $f(x)$ 中的 $x\in[-3,1]$，即函数 $f(x)$ 的定义域为$[-3,1]$。

5. 函数的表示方法

函数的常用表示方法有以下 3 种。

(1) 公式法(解析法)：是指把自变量和因变量之间的对应关系用数学式子表示出来的方法。如 $y=x^2+1$，$f(x)=x^3+\ln(x-2)$等。

(2) 列表法：将部分的自变量取值与对应的函数值用列表来表示函数关系的方法。如对数表，三角函数表等各种数学用表。

(3) 图像法：将变量之间的函数关系，用坐标平面上的图形表示出来的方法。通常是用曲线来表示，如某地某日 24 小时温度变化曲线，就是时间 t 与温度 C 之间的图像法表示。

为便于理论分析和直观地反映函数性质，常将公式法和图像法结合使用。

二、函数的的基本性质

1. 奇偶性

定义 1-3(奇偶性) 设函数 $f(x)$ 的定义域为 D，对于 $\forall x\in D$，若都有 $f(-x)=f(x)$，则称 $f(x)$ 为偶函数，其图像关于 y 轴对称；若都有 $f(-x)=-f(x)$，则称 $f(x)$ 为奇函数，其图像关于原点中心对称。

函数为奇函数或偶函数的前提是其定义域必须关于原点对称。另外，有许多函数既不是奇函数，也不是偶函数，称为非奇非偶函数。

例 6 判断下列函数的奇偶性：

(1) $f(x)=x^2\cdot\dfrac{e^x-1}{e^x+1}$ (2) $f(x)=x^2\sin(\cos x)$

分析：要判断函数的奇偶性，只须求出 $f(-x)$，并与 $f(x)$ 对比，若相等，则为偶函数；若为相反数，则为奇函数；否则为非奇非偶函数。

解：(1) 把 $-x$ 代入 $f(x)=x^2\cdot\dfrac{e^x-1}{e^x+1}$，并化简，得

$$f(-x)=(-x)^2\cdot\frac{e^{-x}-1}{e^{-x}+1}=x^2\cdot\frac{\frac{1}{e^x}-1}{\frac{1}{e^x}+1}=x^2\cdot\frac{\frac{1-e^x}{e^x}}{\frac{1+e^x}{e^x}}=x^2\cdot\frac{1-e^x}{1+e^x}=-x^2\cdot\frac{e^x-1}{e^x+1}$$

有 $f(-x)=-f(x)$，所以 $f(x)$ 为奇函数。

(2) 把 $-x$ 代入 $f(x)=x^2\sin(\cos x)$，并化简，得

$$f(-x)=(-x)^2\sin(\cos(-x))=x^2\sin(\cos x),$$

有 $f(-x)=f(x)$，所以 $f(x)$ 为偶函数。

例 7 函数 $f(x)=\log_a(\sqrt{1+x^2}+x)(a>0,a\neq1)$是( )。

A. 偶函数　　　　B. 奇函数

C. 非奇非偶函数　　　　D. 既是偶函数又是奇函数

分析：因为 $f(-x)=\log_a(\sqrt{1+(-x)^2}+(-x))=\log_a(\sqrt{1+x^2}-x)$

$$=\log_a\left(\frac{(\sqrt{1+x^2}-x)(\sqrt{1+x^2}+x)}{\sqrt{1+x^2}+x}\right)=\log_a\left(\frac{1}{\sqrt{1+x^2}+x}\right)$$

$$=-\log_a(\sqrt{1+x^2}+x)$$

所以 $f(-x)=-f(x)$，为奇函数，故选 B。

2. 单调性

定义 1-4(单调性)　设函数 $f(x)$ 的定义域为 D，区间 $I\subset D$，对于 $\forall x_1,x_2\in I$，当 $x_1<x_2$ 时，恒有 $f(x_1)<f(x_2)$，则称函数 $f(x)$ 在区间 I 上单调递增，区间 I 称为函数 $f(x)$ 的单调递增区间；当 $x_1<x_2$ 时，恒有 $f(x_1)>f(x_2)$，则称函数 $f(x)$ 在区间 I 上单调递减，区间 I 称为函数 $f(x)$ 的单调递减区间。

函数单调递增，说明函数值随自变量取值的增大而增大，函数曲线由左向右呈上升趋势，如图 1-3 所示；函数单调递减，说明函数值随自变量取值的增大而减小，函数曲线由左向右呈下降趋势，如图 1-4 所示。

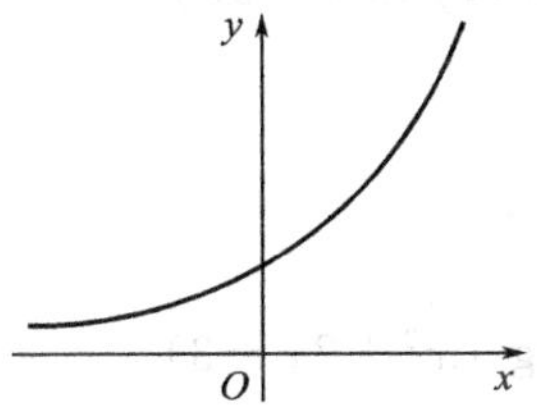

图 1-3

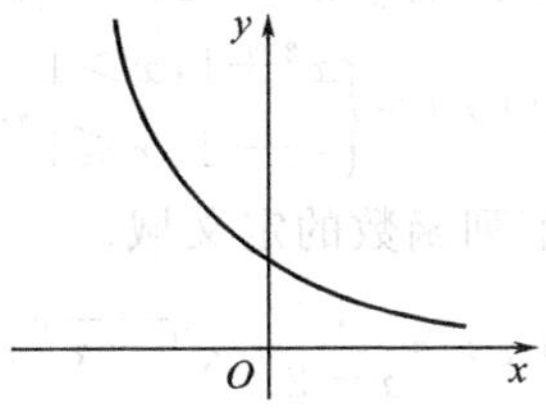

图 1-4

例如，函数 $y=x^2$ 在 $[0,+\infty)$ 内是单调增加的，在 $(-\infty,0]$ 内是单调减少的；函数 $y=\frac{1}{x}$ 在 $(-\infty,0]$ 和 $[0,+\infty)$ 内都是单调减少的；函数 $y=x^3$ 在 $(-\infty,+\infty)$ 内都是单调增加的，如图 1-5 所示。

3. 周期性

定义 1-5(周期性)　设函数 $f(x)$ 的定义域为 D，若存在常数 $T>0$，对于 $\forall x\in D$，恒有 $f(x+T)=f(x)$，则称函数 $f(x)$ 为周期函数，其中 T 称为函数 $f(x)$ 的周期。

当 T 为函数 $f(x)$ 的周期时，$2T,3T,4T,\cdots$ 均是函数 $f(x)$ 的周期，所以周期函数的周期是有无限多个的。通常周期函数的周期是指其最小正周期，但并非每个周期函数都有最小正周期。

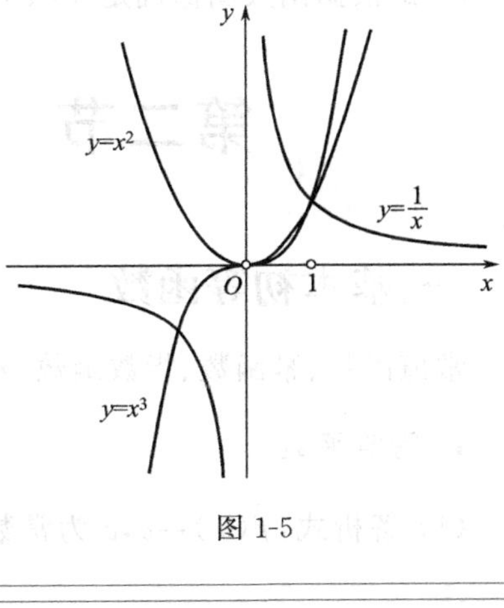

图 1-5

例 8 函数 $y=|\sin 2x|$ 的周期是(　　)。

A. 2π　　　B. 4π　　　C. π　　　D. $\frac{\pi}{2}$

分析:因为 $f\left(x+\frac{\pi}{2}\right)=\left|\sin 2\left(x+\frac{\pi}{2}\right)\right|=|\sin(2x+\pi)|=|-\sin 2x|=|\sin 2x|=f(x)$,故选 D。

4. 有界性

定义 1-6(有界性) 设函数 $f(x)$ 的定义域为 D,区间 $I\subset D$,若存在 $M>0$,使得对于 $\forall x\in I$,恒有 $|f(x)|\leqslant M$,则称函数 $f(x)$ 在区间 I 上是有界的;否则称函数 $f(x)$ 在区间 I 上是无界的。

例 9 函数 $f(x)=\cos\frac{1}{x}$ 是定义域内的(　)。

A. 周期函数　　　B. 单调函数　　　C. 有界函数　　　D. 无界函数

分析:因为 $|f(x)|=\left|\cos\frac{1}{x}\right|\leqslant 1$,故选 C。

【课堂练习 1-1】

1. 已知函数 $f(x)=2x^2-5x+1$,求 $f(-1)$,$f(-3h)$,$f(x_0-\Delta x)$。
2. 若 $f(x)=\begin{cases}x^2+1, & x>1\\ 3x-1, & x\leqslant 1\end{cases}$,求 $f(-1)$,$f(1)$,$f(2)$。
3. 求下列函数的定义域。
(1) $f(x)=\frac{1}{x-2}-\sqrt{5-x^2}$;　　　(2) $f(x)=\log_2(x^2+2x-3)$。
4. 若 $f(x)$ 的定义域是 $[0,8]$,求 $f(x^2-1)$ 的定义域。
5. 若函数 $f(2x-1)$ 的定义域是 $[-1,3]$,求 $f(x+2)$ 的定义域。
6. 判断下列函数的奇偶性:
(1) $f(x)=x\sin x-\cos x$;　　(2) $f(x)=x^5+2\sin x$;　　(3) $f(x)=x^2+2x-1$。
7. 试根据函数图像判断 $f(x)=\frac{1}{x}$ 在 $(0,+\infty)$ 上的有界性。
8. 试根据函数图像确定 $f(x)=x^2+2x-1$ 的单调区间。

第二节　函数的类别与运算

一、基本初等函数

常值函数、幂函数、指数函数、对数函数、三角函数、反三角函数统称为基本初等函数.

1. 常值函数

(1) 解析式:$f(x)=c$,c 为常数,表示无论 x 取何值,函数值都等于 c。

(2) 图像：函数 $f(x)=2$ 的图像，如图 1-6 所示。

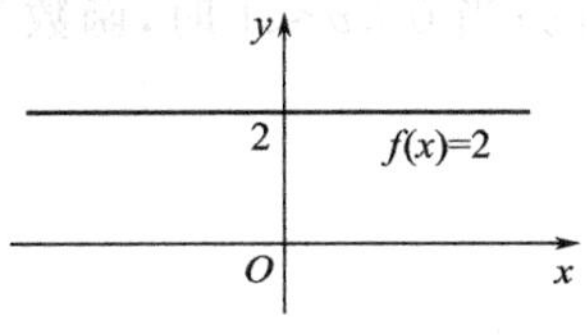

图 1-6

(3) 性质：图像为平行于 x 轴直线。

2. 幂函数

(1) 解析式：$y=x^{\alpha}(\alpha\in R)$

如 $y=x, y=x^2, y=\sqrt{x}, y=x^{-1}, y=x^{-\frac{1}{2}}$ 等，都是幂函数。幂函数 $y=x^{\alpha}(\alpha\in R)$ 没有统一的定义域，其定义域随 α 的取值范围变化而变化，需要根据 α 的取值来讨论。如 $y=x^{\frac{1}{2}}=\sqrt{x}$ 的定义域为 $[0,+\infty)$，$y=x^{-\frac{1}{2}}=\dfrac{1}{\sqrt{x}}$ 的定义域为 $(0,+\infty)$ 等。

(2) 图像

下面给出几个常用的幂函数 $y=x, y=\sqrt{x}, y=x^2, y=x^{-1}, y=x^{-\frac{1}{2}}, y=x^{-2}$ 的图像，如图 1-7 和图 1-8 所示。

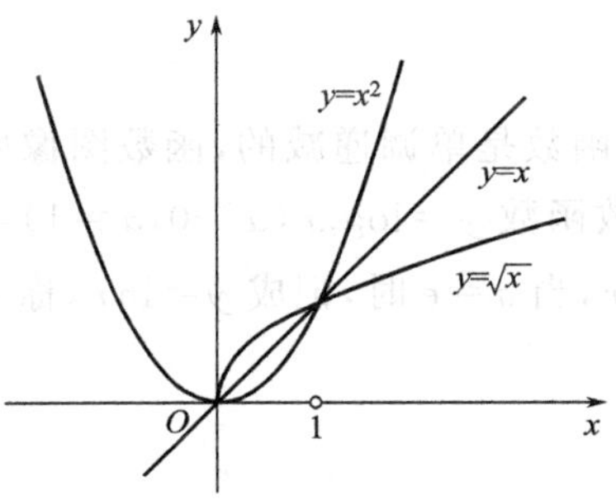

图 1-7

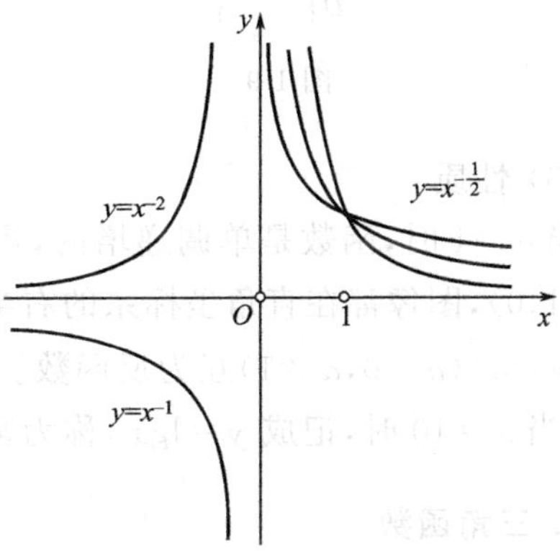

图 1-8

(3) 性质

在 $(0,+\infty)$ 内幂函数 $y=x^{\alpha}(\alpha\in R)$ 总是有定义的，且都经过点 $(1,1)$。当 $\alpha>0$ 时，幂函数在 $(0,+\infty)$ 内是单调递增的；当 $\alpha<0$ 时，函数在 $(0,+\infty)$ 内是单调递减的。

3. 指数函数

(1) 解析式：$y=a^x(a>0, a\neq1)$

指数函数的定义域为 $(-\infty,+\infty)$，值域为 $(0,+\infty)$。常见的指数函数有 $y=\mathrm{e}^x$。

(2) 图像

函数 $y=2^x$ 和 $y=\left(\dfrac{1}{2}\right)^x$ 的图像，如图 1-9 所示。

(3) 性质

当 $a>1$ 时,函数为单调递增的;当 $0<a<1$ 时,函数为单调递减的。函数图像均过点 $(0,1)$。

4. 对数函数

(1) 解析式:$y=\log_a x\ (a>0,a\neq 1)$

对数函数的定义域为 $(0,+\infty)$,值域为 $(-\infty,+\infty)$。

(2) 图像

函数 $y=\log_2 x$ 和 $y=\log_{\frac{1}{2}} x$ 的图像,如图 1-10 所示。

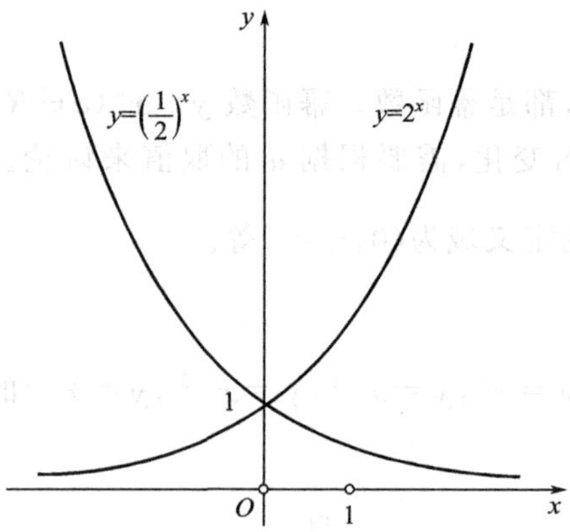

图 1-9

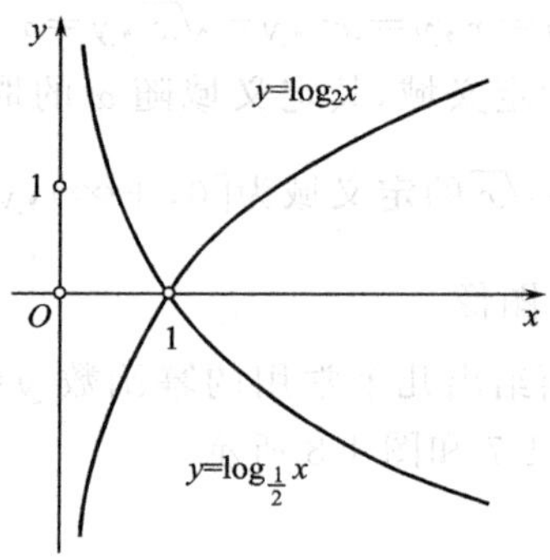

图 1-10

(3) 性质

当 $a>1$ 时,函数是单调递增的,当 $0<a<1$ 时,函数是单调递减的,函数图像始终经过点 $(1,0)$,图像都在直角坐标系的右半平面内。对数函数 $y=\log_a x\ (a>0,a\neq 1)$ 与指数函数 $y=a^x\ (a>0,a\neq 1)$ 互为反函数。对于 $y=\log_a x$,当 $a=\mathrm{e}$ 时,记成 $y=\ln x$,称为自然对数;当 $a=10$ 时,记成 $y=\lg x$,称为常用对数。

5. 三角函数

三角函数有 6 个,解析式分别为 $y=\sin x$,$y=\cos x$,$y=\tan x$,$y=\cot x$,$y=\sec x$,$y=\csc x$,它们都是周期函数,具体如下。

(1) 正弦函数与余弦函数:$y=\sin x$ 与 $y=\cos x$,定义域都是 $(-\infty,+\infty)$,值域都是 $[-1,1]$,它们都是有界函数,最小正周期都是 $T=2\pi$,其中 $y=\sin x$ 是奇函数,$y=\cos x$ 是偶函数,其图像如图 1-11 和图 1-12 所示。

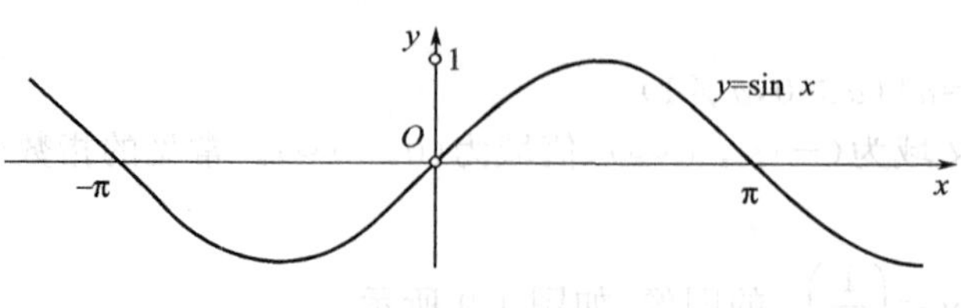

图 1-11

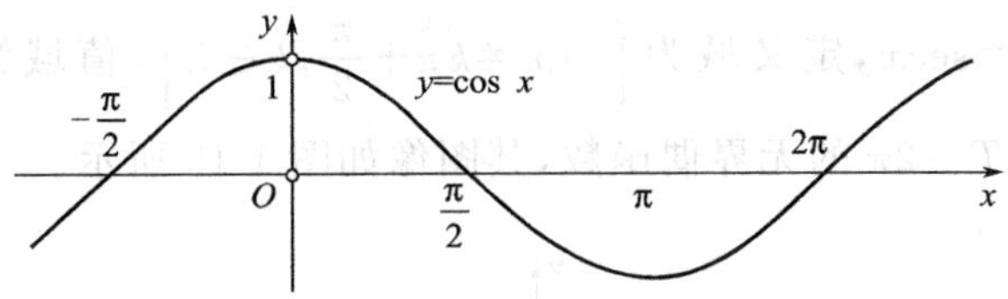

图 1-12

(2) 正切函数 $y=\tan x$，定义域为$\left\{x \mid x \neq k\pi+\frac{\pi}{2}, k \in Z\right\}$，值域为$(-\infty,+\infty)$，最小正周期 $T=\pi$，为无界奇函数。在区间$\left(k\pi-\frac{\pi}{2}, k\pi+\frac{\pi}{2}\right)(k \in Z)$内是单调递增的，其图像如图 1-13 所示。

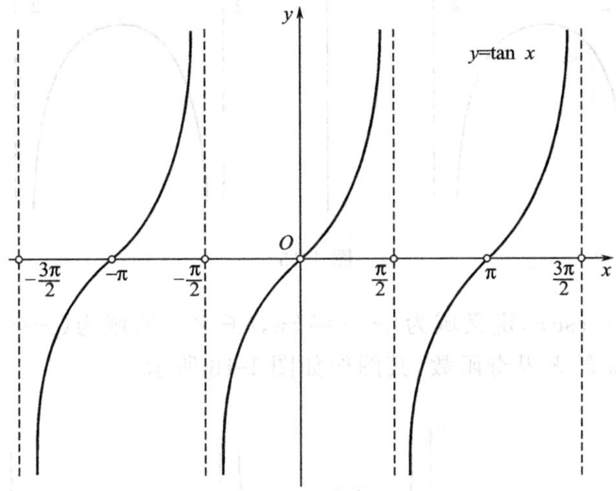

图 1-13

(3) 余切函数 $y=\cot x$，定义域为$\{x \mid x \neq k\pi, k \in Z\}$，值域为$(-\infty,+\infty)$，最小正周期 $T=\pi$，为无界奇函数。在区间$(k\pi, k\pi+\pi)(k \in Z)$内是单调递减的，其图像如图 1-14 所示。

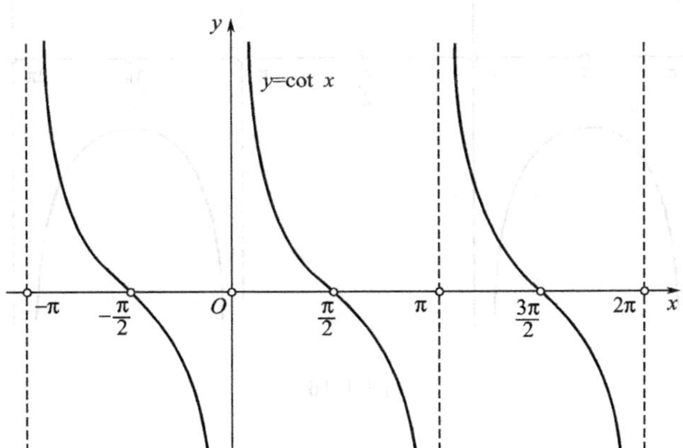

图 1-14

(4) 正割函数 $y=\sec x$，定义域为$\left\{x \mid x \neq k\pi+\frac{\pi}{2}, k \in Z\right\}$，值域为$(-\infty,-1] \cup [1,+\infty)$，是最小正周期 $T=2\pi$ 的无界偶函数，其图像如图 1-15 所示。

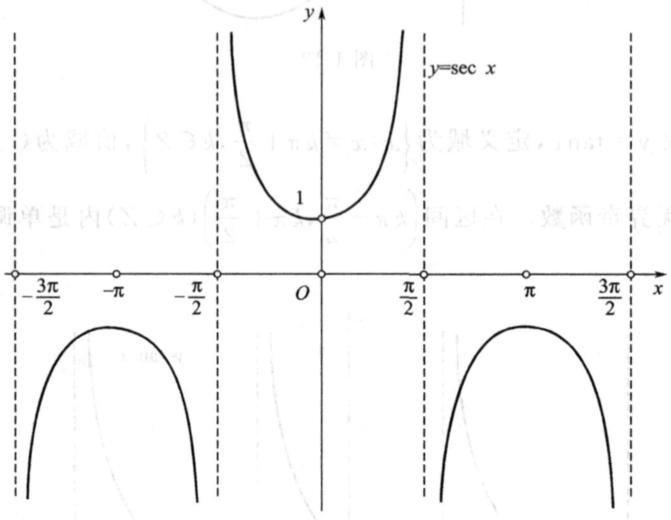

图 1-15

(5) 余割函数 $y=\csc x$，定义域为$\{x \mid x \neq k\pi, k \in Z\}$，值域为$(-\infty,-1] \cup [1,+\infty)$，是最小正周期 $T=2\pi$ 的无界奇函数，其图像如图 1-16 所示。

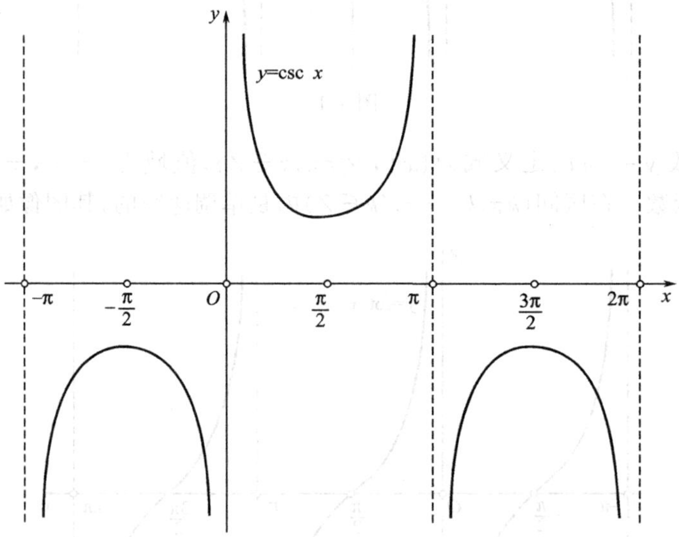

图 1-16

6. 反三角函数

(1) 反正弦函数 $y=\arcsin x$，定义域为$[-1,1]$，值域为$\left[-\frac{\pi}{2},\frac{\pi}{2}\right]$，在其定义域内是

单调递增的有界奇函数，其图像如图 1-17 所示。

(2) 反余弦函数 $y=\arccos x$，定义域为$[-1,1]$，值域为$[0,\pi]$，在其定义域内是单调递减的有界非奇非偶函数，其图像如图 1-18 所示。

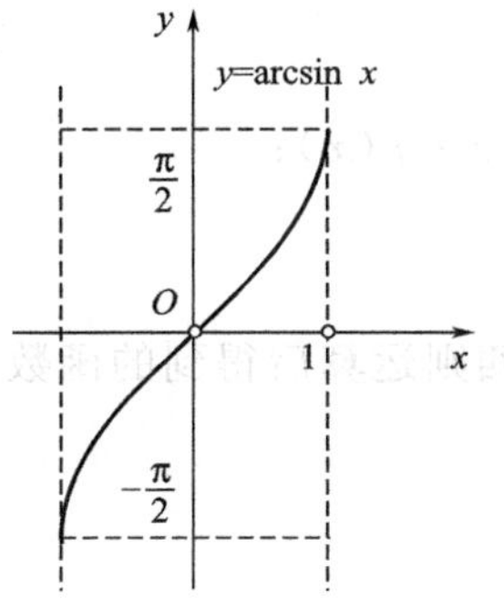

图 1-17

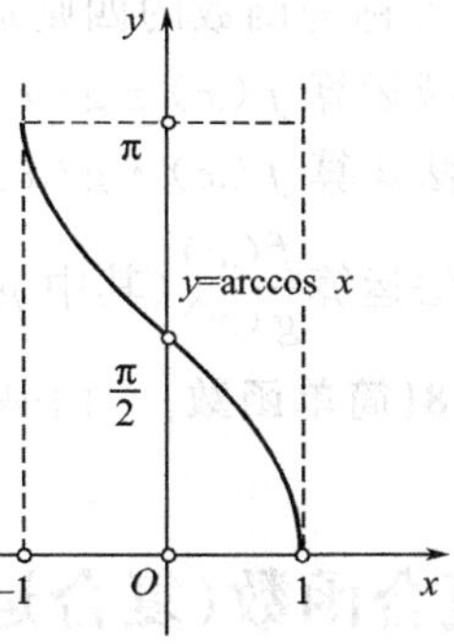

图 1-18

(3) 反正切函数 $y=\arctan x$，定义域$(-\infty,+\infty)$，值域为$\left(-\frac{\pi}{2},\frac{\pi}{2}\right)$，在其定义域内是单调递增的有界奇函数，其图像如图 1-19 所示。

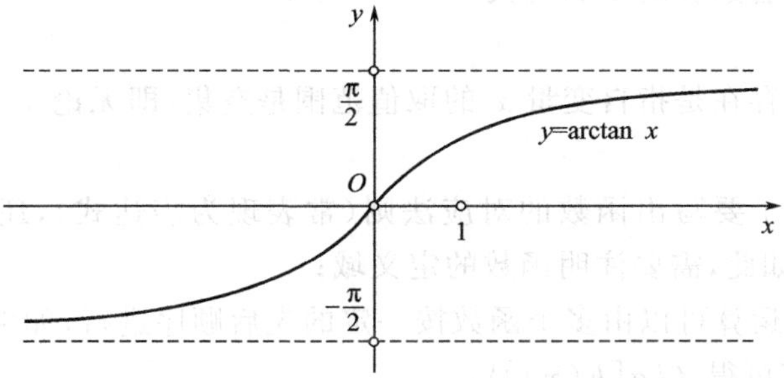

图 1-19

(4) 反余切函数 $y=\operatorname{arccot} x$，定义域为$(-\infty,+\infty)$，值域$(0,\pi)$，在其定义域内是单调递减的有界非奇非偶函数，其图像如图 1-20 所示。

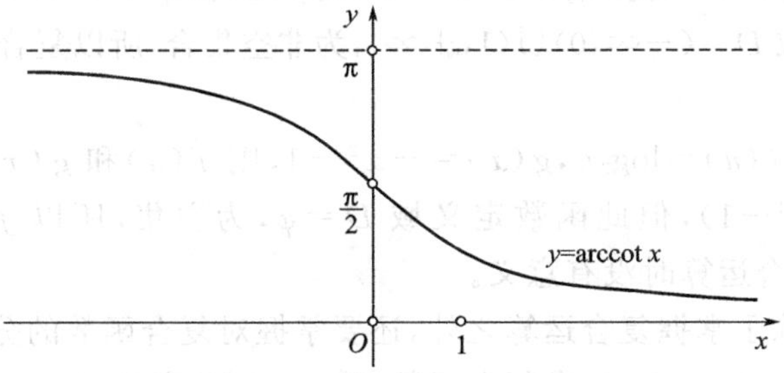

图 1-20

二、简单函数(函数的四则运算)

与代数式类似，函数也可以进行加、减、乘、除四则运算，且与一般代数式的运算规律是一致的，但此时需注意函数的定义域可能会发生变化，运算后的函数定义域常等于运算前各函数定义域的交集，进行除法时需对分母不为零的情况加以考虑。

定义 1-7（函数的四则运算） 已知函数 $f(x)$ 和 $g(x)$，则函数 $f(x)$ 和 $g(x)$ 间的加、减、乘、除运算称为函数的四则运算：

（1）加减运算 $f(x)\pm g(x)$；

（2）乘法运算 $f(x)\cdot g(x)$，当 $g(x)=c$ 时，有特例 $c\cdot f(x)$；

（3）除法运算 $\dfrac{f(x)}{g(x)}$（其中 $g(x)\neq 0$）。

定义 1-8（简单函数） 由基本初等函数经过有限次四则运算后得到的函数，称为简单函数。

三、复合函数（复合运算）

定义 1-9（复合运算与复合函数） 已知函数 $f(u)$ 和 $g(x)$，把 $g(x)$ 代入 $f(u)$ 得到 $f[g(x)]$ 的过程（代入指把 $f(u)$ 的自变量 u 都换成 $g(x)$），称为函数的复合运算。若 $f[g(x)]$ 存在，则称 $f[g(x)]$ 是由 $f(u)$ 和 $g(x)$ 复合而成的复合函数，此时称 $f(u)$ 为外层函数，$g(x)$ 为内层函数，称 u 为中间变量，记作 $u=g(x)$。若 $f[g(x)]$ 不存在，则称 $f(u)$ 和 $g(x)$ 进行复合运算时没有意义。

几点说明：

（1）$f[g(x)]$ 不存在是指自变量 x 的取值范围是空集，即无论 x 取什么值，函数值都不存在；

（2）求函数时除了要写出函数的对应法则（常表现为表达式），还要写出函数的定义域，求复合函数也应如此，需要注明函数的定义域；

（3）函数的复合运算可以由多个函数按一定的先后顺序进行，如由 $f(u)$、$g(v)$、$h(x)$ 按顺序进行复合运算可得 $f\{g[h(x)]\}$。

例 1 已知函数 $f(u)=\log_2 u$，$g(x)=x^2+1$，则 $f(u)$ 和 $g(x)$ 进行复合运算得 $f[g(x)]=\log_2(x^2+1)$，其定义域为 $D=(-\infty,+\infty)$，为非空集合，所以复合函数 $f[g(x)]=\log_2(x^2+1)$ 存在。

例 2 已知函数 $f(u)=\log_2 u$，$g(x)=x^2-x$，则 $f(u)$ 和 $g(x)$ 进行复合运算得 $f[g(x)]=\log_2(x^2-x)$，其定义域 $D=(-\infty,0)\cup(1,+\infty)$，为非空集合，所以复合函数 $f[g(x)]=\log_2(x^2-x)$ 存在。

例 3 已知函数 $f(u)=\log_2 u$，$g(x)=-x^2-1$，则 $f(u)$ 和 $g(x)$ 进行复合运算应得 $f[g(x)]=\log_2(-x^2-1)$，但此函数定义域 $D=\varphi$，为空集，所以 $f[g(x)]$ 不存在，即 $f(u)$ 和 $g(x)$ 进行复合运算时没有意义。

对于复合函数，除了掌握复合运算之外，还要掌握对复合函数的分解，即以下两点。

（1）已知函数 $f(x)$ 与 $u(x)$，求复合函数 $f[u(x)]$ 的表达式。

方法：①把函数表达式 $f(x)$ 中的 x 全部换成 $u(x)$；②化简表达式；③求其定义域或进行相关说明，进一步确认函数是否存在。

（2）已知复合函数 $f[u(x)]$，求函数 $f(u)$、$u(x)$ 等表达式。

方法：①观察函数 $f[u(x)]$ 的运算顺序，把最先运算的简单函数式设为中间变量

$u(x)$；②通过替换计算得到 $f(u)$；③若 $f(u)$ 还是复合函数，则继续前面的步骤，直到分解完毕。

例 4 已知 $f(x)=x^2+\sqrt{x}$，$u(x)=\ln x$，求复合函数 $f[u(x)]$。

解：把 $f(x)=x^2+\sqrt{x}$ 中的自变量 x 全部换成 $u(x)=\ln x$，可得

$$f[u(x)]=(u(x))^2+\sqrt{u(x)}=(\ln x)^2+\sqrt{\ln x}$$

要使得 $\sqrt{\ln x}$ 有意义，则有 $\ln x \geqslant 0$，解得 $x \geqslant 1$，

所以，求得的复合函数为 $f[u(x)]=(\ln x)^2+\sqrt{\ln x}$，其定义域为 $[1,+\infty)$。

例 5 已知函数 $f(x)=\dfrac{1-x}{1+x}$，求复合函数 $f[f(x)]$。

解：把 $f(x)=\dfrac{1-x}{1+x}$ 中的自变量 x 全部换成 $f(x)=\dfrac{1-x}{1+x}$，可得

$$f[f(x)]=\frac{1-f(x)}{1+f(x)}=\frac{1-\dfrac{1-x}{1+x}}{1+\dfrac{1-x}{1+x}}=\frac{\dfrac{1+x}{1+x}-\dfrac{1-x}{1+x}}{\dfrac{1+x}{1+x}+\dfrac{1-x}{1+x}}=\frac{(1+x)-(1-x)}{(1+x)+(1-x)}=\frac{2x}{2}=x,$$

此时，式子 $f[f(x)]=x$ 中的 x 可取任意值，但因为在 $f(x)=\dfrac{1-x}{1+x}$ 中，$x\neq-1$，故此处也有 $x\neq-1$，所以，求得的复合函数为 $f[f(x)]=x$，其定义域为 $(-\infty,-1)\cup(-1,+\infty)$。

例 6 若 $f(x)=x^2$，$\varphi(x)=e^x$，则 $f[\varphi(x)]=$__________。

分析：把 $f(x)=x^2$ 中的自变量 x 全部换成 $\varphi(x)=e^x$ 并化简，得

$f[\varphi(x)]=[\varphi(x)]^2=(e^x)^2=e^{2x}$，故填 e^{2x}。

例 7 分解下列复合函数：

(1) $y=\sqrt{1+x^2}$　　(2) $y=\lg(1+10^x)$　　(3) $y=e^{-x}$　　(4) $y=\sin^4 5x$

解：(1) 最先运算的简单函数式为 $1+x^2$，故令 $u=1+x^2$，可得 $y=\sqrt{u}$

因此，复合函数 $y=\sqrt{1+x^2}$ 分解为 $y=\sqrt{u}$ 与 $u=1+x^2$。

(2) 最先运算的简单函数式为 $1+10^x$，故令 $u=1+10^x$，可得 $y=\lg u$

因此，复合函数 $y=\lg(1+10^x)$ 分解为 $y=\lg u$ 与 $u=1+10^x$。

(3) 最先运算的简单函数式为 $-x$，故令 $u=-x$，可得 $y=e^u$

因此，复合函数 $y=e^{-x}$ 分解为 $y=e^u$ 与 $u=-x$。

(4) 最先运算的简单函数式为 $5x$，令 $u=5x$，可得 $y=\sin^4 u$，仍为复合函数，其中最先运算的简单函数式为 $\sin u$，故令 $v=\sin u$，可得 $y=v^4$

因此，复合函数 $y=\sin^4 5x$ 分解为 $y=v^4$、$v=\sin u$ 和 $u=5x$。

例 8 求函数 $f(x)$ 的表达式：

(1) 已知 $f(\sin x)=\cos 2x$；

(2) 已知 $f\left(\dfrac{1}{x}\right)=4x-\sqrt{1+\dfrac{1}{x^2}}$。

分析：此类型题目一般有两种解法，第一种解法是直接对函数表达式右边进行恒等变形，使其可以使用左边括号内的部分表示出来，再同时把整个表达式中与左边括号内相同

的部分全部换成 x，即可得到 $f(x)$ 的表达式；第二种解法是使用换元法，令左边括号内的部分为 u，并用 u 将其中的变量 x 表示出来，接着代入到函数表达式右边，整理即可得到所求的函数，但由于习惯用 x 表示函数的自变量，此时可把其中的 u 全部换成 x，便可得到以 x 为自变量的函数 $f(x)$。

解：(1) 采用对函数表达式右边进行恒等变形的方法，把右边变形为可以使用左边的 $\sin x$ 表示出来的形式，根据三角函数公式，可得

$f(\sin x)=\cos 2x=1-2\sin^2 x$，

接着把上式中的 $\sin x$ 全部换成 x，得 $f(x)=1-2x^2$，即为所求函数。

(2) 方法一：采用对函数表达式右边进行恒等变形的方法，把右边变形为可以使用左边的 $\frac{1}{x}$ 表示出来的形式，可得

$$f\left(\frac{1}{x}\right)=4x-\sqrt{1+\frac{1}{x^2}}=\frac{4}{\frac{1}{x}}-\sqrt{1+\left(\frac{1}{x}\right)^2},$$

把上式中的 $\frac{1}{x}$ 全部换成 x，得 $f(x)=\frac{4}{x}-\sqrt{1+(x)^2}$；

方法二：采用换元法，令左边括号内的部分 $\frac{1}{x}=u$，则 $x=\frac{1}{u}$，代入函数表达式，得

$$f(u)=\frac{4}{u}-\sqrt{1+u^2}$$

但一般习惯于用 x 表示自变量，故把上式中的 u 全部换成 x，可得所求函数为

$$f(x)=\frac{4}{x}-\sqrt{1+x^2}。$$

四、初等函数

定义 1-10（初等函数） 由基本初等函数经过有限次四则运算及有限次复合运算得到的用一个式子表示的函数，称为初等函数。

初等函数在其定义区间内，函数图像是不间断的。凡不是初等函数的函数，称为非初等函数，大部分分段函数是非初等函数，如符号函数。

【课堂练习 1-2】

1. 求复合函数：

(1) 已知 $f(x)=x^5$，$u(x)=\sin x$，求 $f[u(x)]$；

(2) 已知 $f(x)=\cos x$，$u(x)=e^x$，$v=\sqrt{x}$，求 $f\{u[v(x)]\}$。

2. 分解下列复合函数：

(1) $y=3^{\frac{1}{x}}$；

(2) $y=\sin^3 5x^2$；

(3) $y=\ln\cos 2\sqrt{x}$；

(4) $y=e^{\sin 3x}$。

3. 已知 $f(x^2+1)=x^4+2$，求 $f(x)$、$f(5)$和 $f(x^2)$。

第三节 常用经济函数

一、成本函数、收入函数与利润函数

1. 成本函数

在产品的生产过程中，产品的总成本 C 为产量 x 的单调增加函数，记作 $C=C(x)$，它包括两部分：固定成本和可变成本。固定成本是指在一定时期内不随产量变化的那部分成本，如厂房及设备折旧费、管理人员工资、保险费等，因其不受产量影响，故产量 $x=0$ 时的成本就是固定成本，即固定成本 $C_0=C(0)$；变动成本是指随着产量变化而变化的那部分成本，如材料费、燃料费、包装费等，记作 $C_1=C_1(x)$。于是总成本

$$C=C(x)=C_0+C_1(x)$$

在讨论总成本时，常需进一步讨论单位产量的成本，即把总成本均摊给单位产量的成本，称为平均单位成本。记作$\overline{C}=\overline{C}(x)=\dfrac{C(x)}{x}$。

2. 收入函数

产品全部销售后，总收入 R 等于产量 x 与销售价格 p 的乘积，即

$$R=R(x)=xp。$$

3. 利润函数

产品全部销售后，获得的总利润 L 等于总收入 R 减去总成本 C，即

$$L=L(x)=R(x)-C(x)。$$

例 1 某电子设备生产公司每年的固定成本是 12000 元，要生产某种 U 盘，除固定成本外，每个 U 盘要花费 50 元变动成本。试求一年生产 x 个 U 盘的总成本函数和平均单位成本函数。

解：总成本 $C=C_0+C_1$，故总成本函数为

$$C(x)=12000+50x, x\in[0,+\infty)$$

平均单位成本为

$$\overline{C}(x)=\frac{C(x)}{x}=\frac{12000+50x}{x}=\frac{12000}{x}+50, x\in[0,+\infty)。$$

例 2 某电子设备生产公司每年的固定成本是 12000 元，要生产某种 U 盘，除固定成本外，每个 U 盘要花费 50 元变动成本。若生产的 U 盘以每个 100 元的价格全部售出，试求：

(1) 一年生产 x 个 U 盘的收入函数和利润函数；

(2) 当产量 x 分别为 200，240，300 时，利润分别是多少？

解:(1) 由收入等于产量 x 乘以销售价格,得收入函数为 $R(x)=100x$。

由例 1,得总成本函数为 $C(x)=12000+50x$,

所以,利润函数为

$$L(x)=R(x)-C(x)=100x-(12000+50x)=50x-12000。$$

(2) 将产量 $x=200$,$x=240$,$x=300$ 分别代入利润函数,得到相应利润分别为:

$$L(200)=50\times200-12000=-2000$$
$$L(240)=50\times240-12000=0$$
$$L(300)=50\times300-12000=3000。$$

由此可见,生产商品时,利润一般会出现以下几种情况:

(1) 利润 $L<0$,出现亏损,生产的商品数量较少,售出商品获得的收入无法抵消掉总成本;

(2) 利润 $L=0$,盈亏平衡,生产的商品数量等于某个值,售出商品获得的收入正好抵消掉总成本,此时也称 $x=240$ 是盈亏平衡点;

(3) 利润 $L>0$,出现盈利,生产的商品数量超过某个值,售出商品获得的收入超过总成本。

那么,是否生产的商品越多,利润就越多呢?如果市场容量是无限的(即无论生产多少商品,都有人购买),此时供不应求,那当然是生产越多获利越多。但实际情况是,市场的容量是有限的,当生产的商品达到一定数量时,再生产更多的商品将难以售出,此时供大于求,将会出现滞销的情形,此时只能降价出售或销毁等,因此,获利将会减少,甚至亏损。

二、需求函数与供给函数

1. 需求函数

商品的需求量 Q 不但与商品价格 p 有关,而且与消费者的收入、节气时令和同类商品等有关。现将其他因素看作不变的,仅考虑需求量与价格的关系,此时需求量 Q 为价格 p 的函数,称为需求函数,记作

$$Q=Q(p)。$$

一般来说,当商品价格上涨时,商品的需求量会减少;当商品价格下降时,商品的需求量会增加。因此需求函数为单调递减函数。

2. 供给函数

商品的供给量 Q 也是商品价格 p 的函数,称为供给函数,记作

$$Q=Q(p)。$$

一般来说,当商品价格上涨时,商品的供给量会增加;当商品价格下降时,商品的供给量会减少。因此供给函数为单调递增函数。

对于市场上的某种商品,如果供不应求,生产商将会增加生产,直至满足或超过市场的需求;如果供大于求,将会出现滞销的情况,因而生产商将会减少生产,直至商品数量少于或等于市场的需求;在理想的情况下,商品的供给正好满足市场的需求,即商品的产量

等于销售量，市场达到一种相对平衡的状态，此时的商品数量（产量或销售量均一样，此时两者相等）称为市场均衡数量，对应的价格称为市场均衡价格。

例 3 已知某商品的需求函数是 $Q=25p-10$，供给函数是 $Q=200-5p$，求该商品的市场均衡价格和市场均衡数量。

解：由题意，得

$$\begin{cases}Q=25p-10\\Q=200-5p\end{cases},$$

解方程组得 $\begin{cases}Q=165\\p=7\end{cases}$，

所以，市场均衡价格为 $p=7$，市场均衡数量为 $Q=165$。

【课堂练习 1-3】

1. 设某商品的成本函数为 $C(x)=x^2+2x+7$，收入函数为 $R(x)=10x$，试求：

(1) 该商品的利润函数；

(2) 销量为 $x=4$ 时的总利润及平均利润；

(3) 销量为 $x=10$ 时是盈利还是亏损？

2. 设某商品的供给函数为 $Q=p^2+3p-70$，需求函数为 $Q=410-p$，求市场均衡价格和市场均衡数量。

第四节 极限的概念与运算法则

一、数列的极限

首先考虑一般数列

$$y_1,y_2,y_3,\cdots,y_n,\cdots$$

当项数 n 无限增大时，即 $n\to+\infty$ 时，y_n 会有怎样的变化趋势。

例 1 观察数列

$$\frac{1}{2},\frac{1}{4},\frac{1}{8},\frac{1}{16},\cdots,\left(\frac{1}{2}\right)^n,\cdots$$

当 $n\to+\infty$ 时，通项 $y_n=\left(\frac{1}{2}\right)^n$ 有怎么样的变化趋势。

解：容易看出，当 $n\to+\infty$ 时，数列通项 $y_n=\left(\frac{1}{2}\right)^n$ 无限接近于常数零。

由此给出下面的定义。

定义 1-11（数列极限） 已知数列

$$y_1,y_2,y_3,\cdots,y_n,\cdots$$

当 $n\to+\infty$ 时，若通项 y_n 无限接近于唯一的常数 A，则称当 $n\to+\infty$ 时数列 y_n 的极限为 A，记为

$$\lim_{n\to+\infty} y_n = A \text{ 或 } y_n \to A(n\to+\infty)。$$

根据以上数列极限定义，上面例 1 的极限可以写成 $\lim\limits_{n\to+\infty}\left(\frac{1}{2}\right)^n=0$。

当 $n\to+\infty$ 时，若数列极限存在，则称其为收敛数列；若数列极限不存在，则称其为发散数列。常见的发散数列有如下情形：

(1) 当 $n\to+\infty$ 时，数列无界，如数列 $y_n=n^2$，随着 n 的增大而无限增大，其极限不存在；

(2) 当 $n\to+\infty$ 时，数列有界，但取值在某个范围内回来振荡，不是无限接近于某个唯一常数，如数列 $y_n=(-1)^n$，随着 n 的增大而回来在 1 和 -1 之间振荡，其极限是不存在的。

二、函数的极限

考虑自变量 x 在函数定义域内的取值情况，函数的极限分以下两种基本情况。

1. 第一种基本情况：当 $x\to\infty$ 时，函数 $f(x)$ 的极限

$x\to\infty$ 表示自变量 x 无限远离原点，其绝对值 $|x|$ 无限增大，它包括了两种情况：一种是自变量沿着 x 轴的负方向无限增大，此时记为 $x\to-\infty$；另一种是自变量沿着 x 轴的正方向无限增大，此时记为 $x\to+\infty$。即 $x\to\infty$ 包含了 $x\to-\infty$ 和 $x\to+\infty$ 两种情况。

例 2 对于函数 $y=\frac{1}{x}$，当 $x\to\infty$ 时，观察其函数值的变化趋势。

解：做出函数 $y=\frac{1}{x}$ 的图像（见图 1-21），观察容易知道，当图像向左右两边无限延伸时，即 $|x|$ 无限增大时，函数曲线都无限接近于 x 轴，即函数值都无限接近于常数零。即当 $x\to-\infty$ 时，$y\to0$；当 $x\to+\infty$ 时，$y\to0$。综合可得，当 $x\to\infty$ 时，函数 $y\to0$。

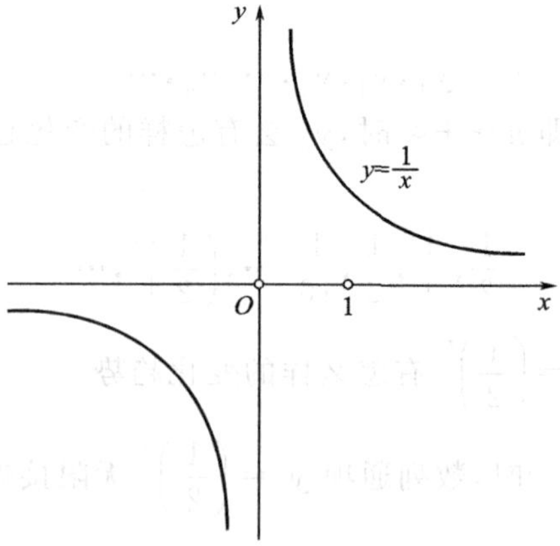

图 1-21

定义 1-12（函数极限，∞型） 已知函数 $f(x)$ 在自变量 x 的绝对值无限增大的过程中有定义，当 $x\to\infty$ 时，若函数 $f(x)$ 无限接近于唯一的常数 A，则称当 $x\to\infty$ 时函数 $f(x)$ 的极限为 A，记为

$$\lim_{x\to\infty}f(x)=A \text{ 或 } f(x)\to A(x\to\infty)。$$

根据此函数极限的定义，上面例 2 中的函数 $y=\frac{1}{x}$，当 $x\to\infty$ 时，$y\to 0$，即此时函数极限为 0，因此可以记作

$$\lim_{x\to\infty}\frac{1}{x}=0。$$

由前面的分析，$x\to\infty$ 包含了 $x\to-\infty$ 和 $x\to+\infty$ 两种情况，故有以下定理。

定理 1-1 极限 $\lim\limits_{x\to\infty}f(x)=A$ 成立等价于 $\begin{cases}\lim\limits_{x\to-\infty}f(x)=A\\ \lim\limits_{x\to+\infty}f(x)=A\end{cases}$ 成立。

例 3 求极限 $\lim\limits_{x\to\infty}\left(1+\frac{1}{x}\right)$。

解：当 $|x|$ 无限增大时，$\frac{1}{x}$ 无限接近于 0，故 $1+\frac{1}{x}$ 无限接近于 1，即当 $x\to\infty$ 时，$1+\frac{1}{x}\to 1$，所以极限 $\lim\limits_{x\to\infty}\left(1+\frac{1}{x}\right)=1$。

例 4 讨论极限 $\lim\limits_{x\to\infty}\arctan x$。

解：作出函数 $y=\arctan x$ 的图像（见图 1-22），观察容易看出，当 $x\to-\infty$ 时，即向左无限延伸时，对应的函数曲线无限接近于直线 $y=-\frac{\pi}{2}$，此时函数值无限接近于常数 $-\frac{\pi}{2}$；当 $x\to+\infty$ 时，即向右无限延伸时，对应的函数曲线无限接近于直线 $y=\frac{\pi}{2}$，此时函数值无限接近于常数 $\frac{\pi}{2}$，所以有

$$\lim_{x\to-\infty}\arctan x=-\frac{\pi}{2},\ \lim_{x\to+\infty}\arctan x=\frac{\pi}{2}。$$

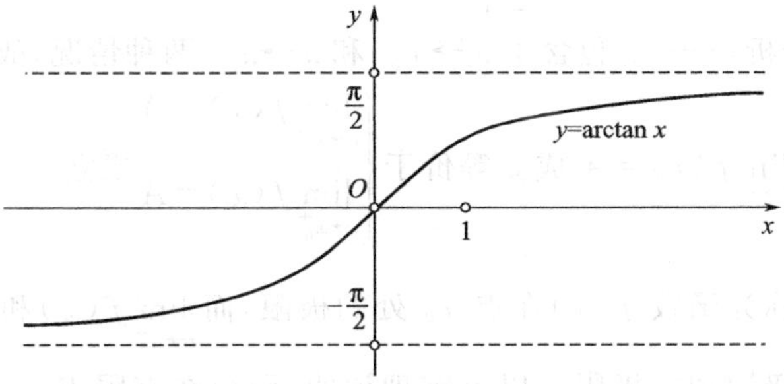

图 1-22

但此两式并不相等，即 $\lim\limits_{x\to-\infty}\arctan x\neq\lim\limits_{x\to+\infty}\arctan x$，根据定理 1-1，极限 $\lim\limits_{x\to\infty}\arctan x$ 不存在。

例 5 讨论极限 $\lim\limits_{x\to\infty}\sin x$。

解：作出函数 $y=\sin x$ 的图像（见图 1-23），观察容易看出，当角度 x 的绝对值 $|x|$ 无限增大时，对应的函数值在区间 $[-1,1]$ 上来回振荡，没有无限接近于一个常数，所以极限

$\lim\limits_{x\to\infty}\sin x$ 不存在。

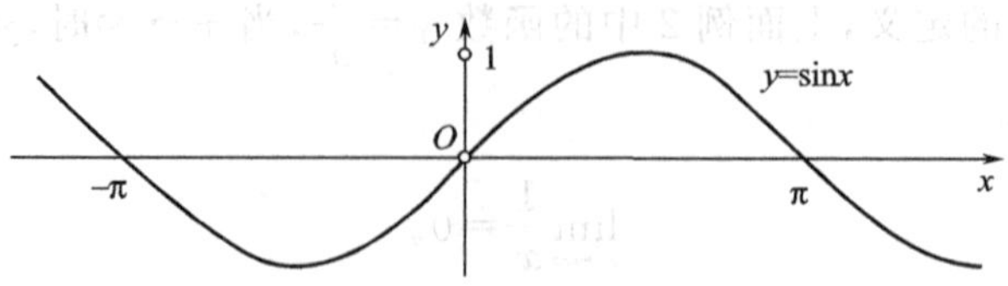

图 1-23

2. 第二种基本情况：当 $x\to x_0$ 时，函数 $f(x)$ 的极限

$x\to x_0$ 表示自变量 x 无限接近于点 $x_0(x\neq x_0)$，它也包括了两种情况：一种是自变量 x 从 x_0 的左边无限接近于 x_0，此时记为 $x\to x_0^-$；另一种是自变量 x 从 x_0 的右边无限接近于 x_0，此时记为 $x\to x_0^+$。即 $x\to x_0$ 包含了 $x\to x_0^-$ 和 $x\to x_0^+$ 两种情况。

例 6　做出函数 $y=2x+1$ 的图像，当 $x\to1(x\neq1)$时，观察函数值的变化趋势。

解：做出函数 $y=2x+1$ 的图像(见图 1-24)，观察容易知道，当自变量 x 从左右两边向 $x_0=1$ 处无限接近时，函数值都无限接近于常数 3。即当 $x\to1^-$ 时，$y\to3$；当 $x\to1^+$ 时，$y\to3$。综合可得，当 $x\to1$ 时，函数 $y\to3$。

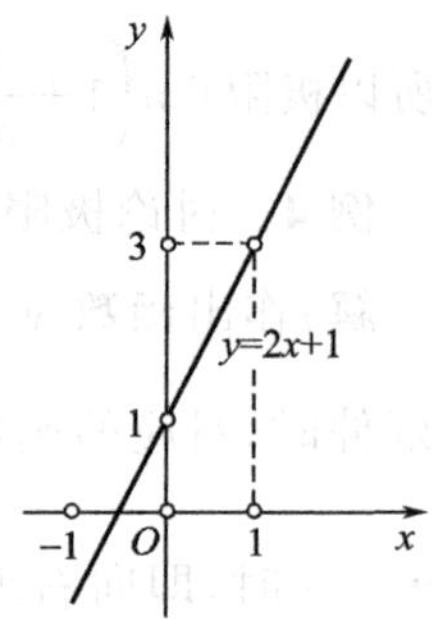

图 1-24

定义 1-13(函数极限，x_0 型)　已知函数 $f(x)$在点 x_0 左右附近有定义，当 $x\to x_0$ 时，若函数 $f(x)$无限接近于常数 A，则称当 $x\to x_0$ 时函数 $f(x)$的极限为 A，记为

$$\lim_{x\to x_0}f(x)=A \text{ 或 } f(x)\to A(x\to x_0)。$$

根据此函数极限的定义，上面例 6 中的函数 $y=2x+1$，当 $x\to1$ 时，$y\to3$，即此时函数极限为 3，因此可以记作

$$\lim_{x\to1}(2x+1)=3。$$

由本段前面的分析，$x\to x_0$ 包含了 $x\to x_0^-$ 和 $x\to x_0^+$ 两种情况，故有以下定理。

定理 1-2　极限 $\lim\limits_{x\to x_0}f(x)=A$ 成立等价于 $\begin{cases}\lim\limits_{x\to x_0^-}f(x)=A\\ \lim\limits_{x\to x_0^+}f(x)=A\end{cases}$ 成立。

其中，$\lim\limits_{x\to x_0}f(x)$称为函数 $f(x)$在点 x_0 处的极限，而 $\lim\limits_{x\to x_0^-}f(x)$和 $\lim\limits_{x\to x_0^+}f(x)$分别称为函数在点 x_0 处的左极限和右极限。以上定理说明，函数在有限点 x_0 处的极限存在当且仅当它在 x_0 处的左极限和右极限都存在且相等。

三、极限运算法则

对于基本初等函数的求极限，可以通过做出函数的图像并加以观察即可得到解决。下面，给出简单函数和复合函数的极限运算法则。为讨论方便，本节定理或法则中的记号"lim"下面如果没有指出自变量的变化趋势，表明对于自变量的各种变化情况均成立，且同

一表达式中的变化趋势是相同的。

法则 1 若 $\lim f(x)$ 和 $\lim g(x)$ 都存在，则

$\lim(f(x)\pm g(x))=\lim f(x)\pm \lim g(x)$。

推论 1 若 $\lim f_1(x), \lim f_2(x), \cdots, \lim f_n(x)$ 都存在，则

$\lim(f_1(x)+f_2(x)+\cdots+f_n(x))=\lim f_1(x)+\lim f_2(x)+\cdots+\lim f_n(x)$。

法则 2 若 $\lim f(x)$ 和 $\lim g(x)$ 都存在，则

$\lim(f(x)\cdot g(x))=\lim f(x)\cdot \lim g(x)$。

推论 2 若 $\lim f_1(x), \lim f_2(x), \cdots, \lim f_n(x)$ 都存在，则

$\lim(f_1(x)\cdot f_2(x)\cdots f_n(x))=\lim f_1(x)\cdot \lim f_2(x)\cdots \lim f_n(x)$。

推论 3 若 $\lim f(x)$ 存在，k 为常数，则

$\lim kf(x)=k\lim f(x)$。

法则 3 若 $\lim f(x)$ 和 $\lim g(x)$ 都存在，且 $\lim g(x)\neq 0$，则

$$\lim \frac{f(x)}{g(x)}=\frac{\lim f(x)}{\lim g(x)}。$$

法则 4 若 $\lim u(x)$ 存在，且 $f(\lim u(x))$ 有意义，则

$\lim f[u(x)]=f[\lim u(x)]$。

法则 5 若函数 $f(x)$ 是定义域为 D 的初等函数，且点 $x_0\in D$，则

$\lim\limits_{x\to x_0} f(x)=f(x_0)$。

注：法则 1 至 3 是四则运算及其推论，要求参与运算的函数极限必须存在，进行除法时还要求分母的极限不能为零(如果分母极限不存在或为零，则属于未定式极限，为后面章节将要讨论的内容)；法则 4 是指在条件满足的情况下，函数的复合运算与极限运算可以交换顺序，即两个函数先进行复合运算再求极限，与先求(内层函数的)极限再进行复合运算(代入外层函数)的结果是一样的；法则 5 是指在条件满足的情况下，可以直接把 x_0 代入函数表达式中进行计算，即此时求极限问题转化为求函数值问题，一般情况下，对于初等函数 $f(x)$，求其定义域内 x_0 处的函数极限，可把点 x_0 代入函数 $f(x)$，如果能得到切确的值，那么这个值等于所求的极限值。

例 7 求下列极限：

(1) $\lim\limits_{x\to\infty}\sin\dfrac{1}{x}$； (2) $\lim\limits_{x\to 2}\dfrac{\sqrt{x+2}+1}{\sqrt{x-1}+2}$； (3) $\lim\limits_{x\to 2}\lg(8+x)$。

解：(1) $\lim\limits_{x\to\infty}\sin\dfrac{1}{x}=\sin\left(\lim\limits_{x\to\infty}\dfrac{1}{x}\right)=\sin 0=0$(运用法则 4，先求内层函数的极限)；

(2) $\lim\limits_{x\to 2}\dfrac{\sqrt{x+2}+1}{\sqrt{x-1}+2}=\dfrac{\sqrt{2+2}+1}{\sqrt{2-1}+2}=\dfrac{3}{3}=1$(运用法则 5，直接代入)；

(3) $\lim\limits_{x\to 2}\lg(8+x)=\lg(8+2)=\lg 10=1$(运用法则 5，直接代入)。

例 8 已知分段函数 $f(x)=\begin{cases}2^x+1, x<0\\ x+2, x\geqslant 0\end{cases}$，讨论左极限 $\lim\limits_{x\to 0^-}f(x)$，右极限 $\lim\limits_{x\to 0^+}f(x)$ 和极限 $\lim\limits_{x\to 0}f(x)$ 的情况。

解：对于左极限 $\lim\limits_{x\to 0^-}f(x)$，$x$ 是从 0 的左边无限接近于 0，此时 $x<0$，故在计算此极限

时使用表达式 $f(x)=2^x+1$，所以左极限 $\lim\limits_{x\to 0^-}f(x)=\lim\limits_{x\to 0^-}(2^x+1)=2$；

对于右极限 $\lim\limits_{x\to 0^+}f(x)$，$x$ 是从 0 的右边无限接近于 0，此时 $x>0$，故在计算此极限时使用表达式 $f(x)=x+2$，所以右极限 $\lim\limits_{x\to 0^+}f(x)=\lim\limits_{x\to 0^+}(x+2)=2$；

由于左极限和右极限都存在，并且相等，所以根据定理 1-2，有 $\lim\limits_{x\to 0}f(x)=2$。

注：讨论分段函数在各区间端点处的极限时，常需要通过讨论其左极限和右极限来确定，如果左极限和右极限都存在且相等，则函数在此点的极限存在且等于它的左（右）极限值；如果左（右）极限不存在，或者存在而不相等，则函数在此点的极限也是不存在的。

例 9　求极限 $\lim\limits_{x\to 3}\dfrac{x^2-5x+6}{x^2-9}$。

分析：此分式的分子分母极限均为 0，故无法直接利用两函数的商的运算法则进行计算，但对分式进行因式分解，发现有公因式 $(x-3)$，并且由于 $x\to 3$ 指的是 x 无限接近于 3，即 $x\neq 3$，故可约去公因式 $(x-3)$ 再进行计算。

解：$\lim\limits_{x\to 3}\dfrac{x^2-5x+6}{x^2-9}=\lim\limits_{x\to 3}\dfrac{(x-2)(x-3)}{(x+3)(x-3)}=\lim\limits_{x\to 3}\dfrac{x-2}{x+3}=\dfrac{3-2}{3+3}=\dfrac{1}{6}$

例 10　求极限 $\lim\limits_{x\to 2}\dfrac{\sqrt{4x+1}-3}{x-2}$。

分析：对此分式进行分子有理化，并整理，有公因式 $(x-2)$，约分后可进行计算。

解：
$$\begin{aligned}\lim_{x\to 2}\frac{\sqrt{4x+1}-3}{x-2}&=\lim_{x\to 2}\frac{(\sqrt{4x+1}-3)(\sqrt{4x+1}+3)}{(x-2)(\sqrt{4x+1}+3)}\\&=\lim_{x\to 2}\frac{4x-8}{(x-2)(\sqrt{4x+1}+3)}=\lim_{x\to 2}\frac{4(x-2)}{(x-2)(\sqrt{4x+1}+3)}\\&=\lim_{x\to 2}\frac{4}{\sqrt{4x+1}+3}=\frac{4}{\sqrt{4\times 2+1}+3}=\frac{4}{6}=\frac{2}{3}\end{aligned}$$

例 11　求极限 $\lim\limits_{x\to 5}\dfrac{\sqrt{x+4}-3}{\sqrt{x-1}-2}$。

分析：对此分式进行分子分母同时有理化，并整理，有公因式 $(x-5)$，约分后可进行计算。

解：
$$\begin{aligned}\lim_{x\to 5}\frac{\sqrt{x+4}-3}{\sqrt{x-1}-2}&=\lim_{x\to 5}\frac{(\sqrt{x+4}-3)(\sqrt{x+4}+3)(\sqrt{x-1}+2)}{(\sqrt{x-1}-2)(\sqrt{x-1}+2)(\sqrt{x+4}+3)}\\&=\lim_{x\to 5}\frac{(x-5)(\sqrt{x-1}+2)}{(x-5)(\sqrt{x+4}+3)}=\lim_{x\to 5}\frac{\sqrt{x-1}+2}{\sqrt{x+4}+3}\\&=\frac{\sqrt{5-1}+2}{\sqrt{5+4}+3}=\frac{4}{6}=\frac{2}{3}\end{aligned}$$

以上例 9、例 10、例 11 也称为 $\dfrac{0}{0}$ 型未定式极限，求此类极限的做法：通过分解因式或分子分母有理化，整理并找到公因式 $(x-x_0)$，约分，再代入即可求得。

除了 $\dfrac{0}{0}$ 型未定式极限外，还有其他未定式极限，主要有以下几种类型：$\dfrac{\infty}{\infty}$，$0\cdot\infty$，

$\infty-\infty$，1^{∞} 等。

例 12　求下列极限：

(1) $\lim\limits_{x\to\infty}\dfrac{3x^2+2x-5}{5x^2-x+1}$；　(2) $\lim\limits_{x\to\infty}\dfrac{3x^2+2x-5}{5x^3-x+1}$；　(3) $\lim\limits_{x\to\infty}\dfrac{3x^3+2x-5}{5x^2-x+1}$。

分析：此为 $\dfrac{\infty}{\infty}$ 型未定式极限，即如果对分子分母分别求极限，其极限都是 ∞。对于求此类极限，一般是采用分子分母同时除以式子中的最高次幂的方法来进行，具体如下。

解：(1) $\lim\limits_{x\to\infty}\dfrac{3x^2+2x-5}{5x^2-x+1}=\lim\limits_{x\to\infty}\dfrac{3+\dfrac{2}{x}-\dfrac{5}{x^2}}{5-\dfrac{1}{x}+\dfrac{1}{x^2}}$（分子分母同时除以最高次幂 x^2）

$$=\frac{\lim\limits_{x\to\infty}\left(3+\dfrac{2}{x}-\dfrac{5}{x^2}\right)}{\lim\limits_{x\to\infty}\left(5-\dfrac{1}{x}+\dfrac{1}{x^2}\right)}=\frac{3+0+0}{5-0+0}=\frac{3}{5}$$

(2) $\lim\limits_{x\to\infty}\dfrac{3x^2+2x-5}{5x^3-x+1}=\lim\limits_{x\to\infty}\dfrac{\dfrac{3}{x}+\dfrac{2}{x^2}-\dfrac{5}{x^3}}{5-\dfrac{1}{x^2}+\dfrac{1}{x^3}}$（分子分母同时除以最高次幂 x^3）

$$=\frac{\lim\limits_{x\to\infty}\left(\dfrac{3}{x}+\dfrac{2}{x^2}-\dfrac{5}{x^3}\right)}{\lim\limits_{x\to\infty}\left(5-\dfrac{1}{x^2}+\dfrac{1}{x^3}\right)}=\frac{0}{5}=0$$

(3) $\lim\limits_{x\to\infty}\dfrac{3x^3+2x-5}{5x^2-x+1}=\lim\limits_{x\to\infty}\dfrac{3+\dfrac{2}{x^2}-\dfrac{5}{x^3}}{\dfrac{5}{x}-\dfrac{1}{x^2}+\dfrac{1}{x^3}}$（分子分母同时除以最高次幂 x^3）

注：此时分子的极限是 $\lim\limits_{x\to\infty}\left(3+\dfrac{2}{x^2}-\dfrac{5}{x^3}\right)=3$，分母的极限是 $\lim\limits_{x\to\infty}\left(\dfrac{5}{x}-\dfrac{1}{x^2}+\dfrac{1}{x^3}\right)=0$，对于函数整体而言，其极限是不存在的。但仔细观察，可以发现，随着 $x\to\infty$，整体函数值的绝对值也是越来越大的（分母越来越接近于 0，分子越来越接近于非零常数 3），即 $\dfrac{3x^3+2x-5}{5x^2-x+1}\to\infty\ (x\to\infty)$。为了方便表示出函数的这种变化趋势，常借助极限的符号记成 $\lim\limits_{x\to\infty}\dfrac{3x^3+2x-5}{5x^2-x+1}=\infty$，表示当 $x\to\infty$ 时，函数值趋向于 ∞，但应记住，此时函数极限是不存在的，此处仅是借用极限的符号表示出函数的变化趋势。

由以上例 12 三道小题的结果可以得到：对于分子分母都是多项式的分式，当 $x\to\infty$ 时，若分子最高次幂等于分母最高次幂，则分式的极限为分子最高次幂系数与分母最高次幂系数之比；若分子最高次幂小于分母最高次幂，则分式的极限为 0；若分子最高次幂大于分母最高次幂，则分式的值趋向于 ∞。即：

$$\lim_{x\to\infty}\frac{a_mx^m+\cdots+a_0}{b_nx^n+\cdots+b_0}=\begin{cases}\infty, m>n\\ \frac{a_m}{b_n}, m=n\\ 0, m<n\end{cases}$$ 其中 n,m 为整数，$a_m\neq0,b_n\neq0$。

例 13 $\lim\limits_{x\to+\infty}(\sqrt{2x+5}-\sqrt{2x+3})$。

分析：此为$\infty-\infty$型未定式极限，可以通过有理化分子来进行计算（把原式当成分母为 1 的分式）。

解：
$$\lim_{x\to+\infty}(\sqrt{2x+5}-\sqrt{2x+3})=\lim_{x\to+\infty}\frac{(\sqrt{2x+5}-\sqrt{2x+3})(\sqrt{2x+5}+\sqrt{2x+3})}{\sqrt{2x+5}+\sqrt{2x+3}}$$
$$=\lim_{x\to+\infty}\frac{2}{\sqrt{2x+5}+\sqrt{2x+3}}=0$$

【课堂练习 1-4】

1. 求下列极限：

(1) $\lim\limits_{x\to\infty}10^{\frac{1}{x}}$；　(2) $\lim\limits_{x\to6}\left(\frac{1}{3}x-2\right)$；　(3) $\lim\limits_{x\to1}\frac{x^2-2x-5}{x^2-7}$。

2. 已知函数 $f(x)=\begin{cases}x+1, & x>0\\ -x, & x<0\end{cases}$，讨论$\lim\limits_{x\to0}f(x)$。

3. 求下列极限：

(1) $\lim\limits_{x\to2}\frac{x^2-4}{x^2-5x+6}$；　(2) $\lim\limits_{x\to3}\frac{x-3}{\sqrt{x+1}-2}$；

(3) $\lim\limits_{x\to5}\frac{\sqrt{x+4}-3}{x-5}$；　(4) $\lim\limits_{x\to+\infty}(\sqrt{5x+1}-\sqrt{5x-2})$。

4. 求下列极限：

(1) $\lim\limits_{x\to\infty}\frac{x^2-3x-1}{2x^2-2x+1}$；　(2) $\lim\limits_{x\to\infty}\frac{5x^2+x-5}{2x^3-x-1}$；　(3) $\lim\limits_{x\to\infty}\frac{7x^3+3x-5}{5x^2-3x+2}$。

第五节　两个重要极限

本节介绍两个重要的未定式极限。

一、第一个重要极限$\lim\limits_{x\to0}\frac{\sin x}{x}=1$

此为$\frac{0}{0}$型的未定式极限，主要用来求三角函数与多项式的比这类型的函数极限。在使用此极限解决相关问题时，必须要在满足条件的情况下使用，主要是要注意以下几点。

1. 分母必须要趋向于 0；

2. 分子部分的三角函数符号 sin 后面的量必须与分母相同。

满足以上两个条件，即可直接应用公式得出极限结果等于 1。另外，根据极限的运算法则，当式子中的分子分母互换位置后，此极限还是成立的。因此，第一个重要极限有以下几个常用的形式，均可直接使用：

$$\lim_{\varphi(x)\to 0}\frac{\sin\varphi(x)}{\varphi(x)}=1,\ \lim_{\varphi(x)\to 0}\frac{\varphi(x)}{\sin\varphi(x)}=\lim_{\varphi(x)\to 0}\frac{1}{\frac{\sin\varphi(x)}{\varphi(x)}}=\frac{1}{\lim\limits_{\varphi(x)\to 0}\frac{\sin\varphi(x)}{\varphi(x)}}=\frac{1}{1}=1。$$

例 1　求极限$\lim\limits_{x\to 0}\frac{\sin 5x}{x}$。

分析：式中分母趋向于 0，且是$\frac{0}{0}$型未定式极限，但分子部分 sin 符号后面的量 $5x$ 与分母 x 不相同，故需对其进行恒等代数变形，因三角函数中的部分不易处理，故将分母变成 $5x$。

解：$\lim\limits_{x\to 0}\frac{\sin 5x}{x}=5\lim\limits_{x\to 0}\frac{\sin 5x}{5x}=5\times 1=5$

例 2　求极限$\lim\limits_{x\to 2}\frac{\sin(x-2)}{x^2-5x+6}$。

分析：式中分母趋向于 0，且是$\frac{0}{0}$型未定式极限，但分子部分 sin 符号后面的量$(x-2)$与分母(x^2-5x+6)不相同，故需对其进行恒等代数变形，找出与$(x-2)$相同的部分，再根据极限运算法则，即可求出对应的极限。

解：$\lim\limits_{x\to 2}\frac{\sin(x-2)}{x^2-5x+6}=\lim\limits_{x\to 2}\frac{\sin(x-2)}{(x-2)(x-3)}=\lim\limits_{x\to 2}\left[\frac{1}{x-3}\cdot\frac{\sin(x-2)}{x-2}\right]$

$=\lim\limits_{x\to 2}\frac{1}{x-3}\cdot\lim\limits_{x\to 2}\frac{\sin(x-2)}{x-2}=\frac{1}{2-3}\times 1=-1$

例 3　求极限$\lim\limits_{x\to 0}\frac{\tan x}{x}$。

分析：此为三角函数与单项式的商的极限，且属于$\frac{0}{0}$型未定式极限，故考虑使用公式$\lim\limits_{x\to 0}\frac{\sin x}{x}=1$进行计算，此时需对分子部分进行变形，找出与分母匹配的 $\sin x$。

解：$\lim\limits_{x\to 0}\frac{\tan x}{x}=\lim\limits_{x\to 0}\frac{\frac{\sin x}{\cos x}}{x}=\lim\limits_{x\to 0}\left(\frac{1}{\cos x}\cdot\frac{\sin x}{x}\right)$

$=\lim\limits_{x\to 0}\frac{1}{\cos x}\cdot\lim\limits_{x\to 0}\frac{\sin x}{x}=\frac{1}{\cos 0}\times 1=1$

注：此式也可作为公式直接使用。

例 4　求极限$\lim\limits_{x\to 0}\frac{\sin(\sin x)}{\sin x}$。

分析：当 $x\to 0$ 时，$\sin x\to 0$，即式中分母趋向于 0，且分子部分 sin 符号后面的量 $\sin x$ 与分母相同，故直接使用公式可得结果为 1。

解：$\lim\limits_{x\to 0}\frac{\sin(\sin x)}{\sin x}=1$

例 5　求极限$\lim\limits_{x\to 0}\dfrac{\sin(\sin x)}{x}$。

解：$$\lim_{x\to 0}\frac{\sin(\sin x)}{x}=\lim_{x\to 0}\frac{\sin x\cdot\sin(\sin x)}{x\cdot\sin x}=\lim_{x\to 0}\left[\frac{\sin x}{x}\cdot\frac{\sin(\sin x)}{\sin x}\right]$$
$$=\lim_{x\to 0}\frac{\sin x}{x}\cdot\lim_{x\to 0}\frac{\sin(\sin x)}{\sin x}=1\times 1=1$$

例 6　求极限$\lim\limits_{x\to\frac{\pi}{2}}\dfrac{\sin x}{x}$。

分析：本题分子分母极限均不为 0，不属于$\dfrac{0}{0}$型未定式极限，不需使用公式，只需直接代入计算即可。

解：$$\lim_{x\to\frac{\pi}{2}}\frac{\sin x}{x}=\frac{\sin\frac{\pi}{2}}{\frac{\pi}{2}}=\frac{1}{\frac{\pi}{2}}=\frac{2}{\pi}$$

例 7　求极限$\lim\limits_{x\to+\infty}\left(2^x\cdot\sin\dfrac{\pi}{2^x}\right)$。

解：$$\lim_{x\to+\infty}\left(2^x\cdot\sin\frac{\pi}{2^x}\right)=\lim_{x\to+\infty}\frac{\frac{\pi}{2^x}\cdot 2^x\cdot\sin\frac{\pi}{2^x}}{\frac{\pi}{2^x}}=\lim_{x\to+\infty}\frac{\pi\cdot\sin\frac{\pi}{2^x}}{\frac{\pi}{2^x}}=\pi$$

二、第二个重要极限$\lim\limits_{x\to\infty}\left(1+\dfrac{1}{x}\right)^x=\mathrm{e}$

此为1^∞型的未定式极限，在使用此极限解决相关问题时，必须要在满足条件的情况下使用，主要是要注意以下几点。

1. 指数必须要趋向于∞（或$+\infty$、$-\infty$）；

2. 底数（括号内的式子）减去 1 得到的差必须与指数互为倒数。

满足以上两个条件，即可直接应用公式得出极限结果等于 e。因此，第二个重要极限有以下几个常用的形式，均可直接使用。

$$\lim_{x\to 0}(1+x)^{\frac{1}{x}}=\mathrm{e},\ \lim_{\varphi(x)\to 0}(1+\varphi(x))^{\frac{1}{\varphi(x)}}=\mathrm{e},\ \lim_{\varphi(x)\to\infty}\left(1+\frac{1}{\varphi(x)}\right)^{\varphi(x)}=\mathrm{e}$$

例 8　求极限$\lim\limits_{x\to\infty}\left(1+\dfrac{1}{x}\right)^{-3x}$。

分析：式中指数趋向于∞，且属于1^∞型的未定式极限，但未满足“指数减去 1 得到的差必须与指数互为倒数”，又由于括号内的式子不容易进行恒等变形，故对指数进行恒等变形，再使用复合函数求极限法则，即可计算出结果。此类题目一般都采这种方法进行计算。

解：$$\lim_{x\to\infty}\left(1+\frac{1}{x}\right)^{-3x}=\lim_{x\to\infty}\left[\left(1+\frac{1}{x}\right)^x\right]^{-3}=\left[\lim_{x\to\infty}\left(1+\frac{1}{x}\right)^x\right]^{-3}=\mathrm{e}^{-3}$$

例 9　求极限$\lim\limits_{x\to\infty}\left(1+\dfrac{2}{x}\right)^x$。

解：$\lim\limits_{x\to\infty}\left(1+\dfrac{2}{x}\right)^{x}=\lim\limits_{x\to\infty}\left[\left(1+\dfrac{2}{x}\right)^{\frac{x}{2}}\right]^{2}=\left[\lim\limits_{x\to\infty}\left(1+\dfrac{2}{x}\right)^{\frac{x}{2}}\right]^{2}=e^{2}$

例 10　求极限$\lim\limits_{x\to\infty}\left(1+\dfrac{1}{x}\right)^{x+5}$。

解：$\lim\limits_{x\to\infty}\left(1+\dfrac{1}{x}\right)^{x+5}=\lim\limits_{x\to\infty}\left[\left(1+\dfrac{1}{x}\right)^{x}\cdot\left(1+\dfrac{1}{x}\right)^{5}\right]=\lim\limits_{x\to\infty}\left(1+\dfrac{1}{x}\right)^{x}\cdot\lim\limits_{x\to\infty}\left(1+\dfrac{1}{x}\right)^{5}$

$=e\cdot\left(1+\lim\limits_{x\to\infty}\dfrac{1}{x}\right)^{5}=e\cdot(1+0)^{5}=e\cdot 1=e$

例 11　求极限$\lim\limits_{x\to\infty}\left(1+\dfrac{3}{x}\right)^{2x+5}$。

解：$\lim\limits_{x\to\infty}\left(1+\dfrac{3}{x}\right)^{2x+5}=\lim\limits_{x\to\infty}\left[\left(1+\dfrac{3}{x}\right)^{2x}\cdot\left(1+\dfrac{3}{x}\right)^{5}\right]=\lim\limits_{x\to\infty}\left(1+\dfrac{3}{x}\right)^{2x}\cdot\lim\limits_{x\to\infty}\left(1+\dfrac{3}{x}\right)^{5}$

$=\lim\limits_{x\to\infty}\left[\left(1+\dfrac{3}{x}\right)^{\frac{x}{3}}\right]^{6}\cdot\left(1+\lim\limits_{x\to\infty}\dfrac{3}{x}\right)^{5}=\left[\lim\limits_{x\to\infty}\left(1+\dfrac{3}{x}\right)^{\frac{x}{3}}\right]^{6}\cdot(1+0)^{5}$

$=e^{6}\cdot 1^{5}=e^{6}$

例 12　求极限$\lim\limits_{x\to\infty}\left(1-\dfrac{1}{x}\right)^{2x}$。

解：$\lim\limits_{x\to\infty}\left(1-\dfrac{1}{x}\right)^{2x}=\lim\limits_{x\to\infty}\left[\left(1-\dfrac{1}{x}\right)^{-x}\right]^{-2}=\left[\lim\limits_{x\to\infty}\left(1-\dfrac{1}{x}\right)^{-x}\right]^{-2}=e^{-2}$

例 13　求极限$\lim\limits_{x\to 0}(1+2x)^{\frac{1}{x}}$。

解：$\lim\limits_{x\to 0}(1+2x)^{\frac{1}{x}}=\lim\limits_{x\to 0}\left[(1+2x)^{\frac{1}{2x}}\right]^{2}=\left[\lim\limits_{x\to 0}(1+2x)^{\frac{1}{2x}}\right]^{2}=e^{2}$

例 14　求极限$\lim\limits_{x\to\infty}\left(1+\dfrac{1}{x+2}\right)^{x}$。

解：$\lim\limits_{x\to\infty}\left(1+\dfrac{1}{x+2}\right)^{x}=\lim\limits_{x\to\infty}\left[\left(1+\dfrac{1}{x+2}\right)^{x+2}\cdot\left(1+\dfrac{1}{x+2}\right)^{-2}\right]$

$=\lim\limits_{x\to\infty}\left(1+\dfrac{1}{x+2}\right)^{x+2}\cdot\lim\limits_{x\to\infty}\left(1+\dfrac{1}{x+2}\right)^{-2}=e\cdot\left(1+\lim\limits_{x\to\infty}\dfrac{1}{x+2}\right)^{-2}$

$=e\cdot 1^{-2}=e$

【课堂练习 1-5】

1. 求下列极限：

(1) $\lim\limits_{x\to 0}\dfrac{\sin 3x}{2x}$；　(2) $\lim\limits_{x\to -2}\dfrac{\sin(x+2)}{x^{2}-x-6}$；　(3) $\lim\limits_{x\to 0}\dfrac{\tan 2x}{5x}$。

2. 求下列极限：

(1) $\lim\limits_{x\to 0}\dfrac{x-\sin 2x}{x+\sin 2x}$；　(2) $\lim\limits_{x\to +\infty}\left(x\cdot\sin\dfrac{\pi}{x}\right)$；　(3) $\lim\limits_{x\to 0}\dfrac{1-\cos x}{x^{2}}$。

3. 求下列极限：

(1) $\lim\limits_{x\to\infty}\left(1+\dfrac{1}{x}\right)^{5x}$；　(2) $\lim\limits_{x\to\infty}\left(1+\dfrac{1}{3x}\right)^{x}$；

(3) $\lim\limits_{x\to\infty}\left(1+\dfrac{1}{x}\right)^{x-2}$；　(4) $\lim\limits_{x\to\infty}\left(1+\dfrac{2}{x}\right)^{3x+2}$。

4. 求下列极限：

(1) $\lim\limits_{x\to\infty}\left(1-\dfrac{1}{x}\right)^{-3x}$；　(2) $\lim\limits_{x\to 0}(1+3x)^{\frac{2}{x}}$；　(3) $\lim\limits_{x\to\infty}\left(1+\dfrac{1}{x-3}\right)^{x}$。

第六节　无穷小量与无穷大量

一、无穷小量

1. 无穷小量的概念

定义 1-14(无穷小量)　在自变量 x 的某个变化过程中，极限为零的变量(函数)称为无穷小量。

例如，$\lim\limits_{x\to 0}\sin x=0$，所以 $\sin x$ 是当 $x\to 0$ 时的无穷小量；$\lim\limits_{x\to\infty}\dfrac{1}{x}=0$，所以$\dfrac{1}{x}$是当 $x\to\infty$ 时的无穷小量。

注：(1) 根据定义，无穷小量是一个变量(函数)，将它与很小的数进行对比是没有意义的或不具有可比性。

(2) 0 可以作为无穷小量，并且是唯一的常数无穷小量。

(3) 无穷小量必须是相对于自变量的某个变化过程而言的，因此当指出某个量(函数)是无穷小量时，必须指出它的变化过程。

2. 无穷小量的性质

性质 1　有限个无穷小量的代数和是无穷小量。

性质 2　有限个无穷小量的乘积是无穷小量。

性质 3　无穷小量与有界函数(含常数)的乘积是无穷小量。

例 1　求极限$\lim\limits_{x\to\infty}\dfrac{\sin x}{x}$。

解：$\lim\limits_{x\to\infty}\dfrac{\sin x}{x}=\lim\limits_{x\to\infty}\left(\dfrac{1}{x}\cdot\sin x\right)$，

当 $x\to\infty$时，$\dfrac{1}{x}$是无穷小量，而 $\sin x$ 是有界的($|\sin x|\leqslant 1$)，根据性质 3，结果仍为无穷小量，故

$$\lim_{x\to\infty}\frac{\sin x}{x}=\lim_{x\to\infty}\left(\frac{1}{x}\cdot\sin x\right)=0。$$

二、无穷大量

1. 无穷大量的概念

定义 1-15(无穷大量)　在自变量 x 的某个变化过程中，绝对值无限增大的变量(函

数)称为无穷大量。

当一个变量(函数)是无穷大量时,其极限是不存在的,但为了方便表述函数的这一变化趋势,也常说"函数的极限是无穷大",并且借用极限的符号记作 $\lim f(x)=\infty$。

例如,当 $x\to 0$ 时,$\left|\frac{1}{x}\right|$ 无限增大,故当 $x\to 0$ 时,$\frac{1}{x}$ 是无穷大量,并记作 $\lim\limits_{x\to 0}\frac{1}{x}=\infty$。

注:(1) 根据定义,无穷大量是一个变量(函数),将它与很大的数进行对比也是没有意义的或不具有可比性。

(2) 无穷大量必须是相对于自变量的某个变化过程而言的,因此当指出某个量(函数)是无穷大量时,必须指出它的变化过程。

(3) $f(x)\to\infty$ 包含了两种情况:$f(x)\to+\infty$ 和 $f(x)\to-\infty$。当然,仅是其中一种情况也是无穷大量,此时称为正无穷大量或负无穷大量。

2. 无穷大量的性质

性质 1　有限个正无穷大量的和是正无穷大量;有限个负无穷大量的和是负无穷大量。

性质 2　有限个无穷大量的乘积是无穷大量。

三、函数极限、无穷小量和无穷大量的一些关系

定理 1-3　$\lim f(x)=A$ 等价于 $f(x)-A$ 是无穷小量。

定理 1-4　在自变量 x 的同一变化过程中,有

(1) 如果 $f(x)$ 为无穷大量,则 $\frac{1}{f(x)}$ 为无穷小量;

(2) 如果 $f(x)$ 为无穷小量,且 $f(x)\neq 0$,则 $\frac{1}{f(x)}$ 为无穷大量。

根据以上两条定理,对函数极限的研究可转化为对无穷小量的研究;对无穷大量的研究也可转化为对无穷小量的研究。所以,无论是函数极限或是后面介绍的导数,基本都是关于无穷小量的讨论或计算。

例 2　求极限 $\lim\limits_{x\to 2}\frac{2x+1}{x-2}$。

解:因 $\lim\limits_{x\to 2}(2x+1)=5$,$\lim\limits_{x\to 2}(x-2)=0$,故

$$\lim_{x\to 2}\frac{x-2}{2x+1}=\frac{\lim\limits_{x\to 2}(x-2)}{\lim\limits_{x\to 2}(2x+1)}=\frac{0}{5}=0,$$

根据无穷大量与无穷小量的关系,得

$$\lim_{x\to 2}\frac{2x+1}{x-2}=\infty。$$

一般,以下结论可以直接使用:

如果 $\lim f(x)=A\neq 0$,$\lim g(x)=0$,且变化过程中有 $g(x)\neq 0$,则 $\lim\frac{f(x)}{g(x)}=\infty$。

四、无穷小量的比较

由无穷小量的性质,两个无穷小量的代数和、乘积均为无穷小量,但它们的商,却会出

现多种不同的情况。例如，当 $x\to0$ 时，$x,2x,x^2$ 都是无穷小量，但 $\lim\limits_{x\to0}\dfrac{x^2}{x}=0$，$\lim\limits_{x\to0}\dfrac{x}{x^2}=\infty$，$\lim\limits_{x\to0}\dfrac{2x}{x}=2$。由此可以看出，虽然都是无穷小量，但它们在趋向于零时速度有快慢之分。

定义 1-16(无穷小量的阶) 设 α、β 是同一变化过程中的两个无穷小量，且 $\beta\neq0$，则有

(1) 若极限 $\lim\dfrac{\alpha}{\beta}=0$，则称 α 是比 β 高阶的无穷小量，也称 β 是比 α 低阶的无穷小量，记作 $\alpha=o(\beta)$；

(2) 若极限 $\lim\dfrac{\alpha}{\beta}=c(c\neq0)$，则称 α 与 β 是同阶无穷小量。特别地，如果 $\lim\dfrac{\alpha}{\beta}=1$，则称 α 与 β 是等价无穷小量，记作 $\alpha\sim\beta$。

显然，对于两个无穷小量，等价时趋于零的速度几乎完全相同；同阶时趋于零的速度有一定差别，但不算太大；高阶的比低阶的趋于零的速度要快(或者说低阶的比高阶的趋于零的速度要慢)。

对于等价无穷小量，有以下定理：

定理 1-5(等价无穷小量的替换) 设 $\alpha,\alpha',\beta,\beta'$ 是同一变化过程中的无穷小量，且有 $\alpha\sim\alpha',\beta\sim\beta',\lim\dfrac{\beta'}{\alpha'}$ 存在，则

$$\lim\frac{\beta}{\alpha}=\lim\frac{\beta'}{\alpha'}$$

此定理表明，在求两个无穷小量之比的极限时，分子或分母可以用等价无穷小量进行整体替换。

当 $x\to0$ 时，常用于替换的等价无穷小量有：$\sin x\sim x$，$\tan x\sim x$，$1-\cos x\sim\dfrac{1}{2}x^2$，$\arcsin x\sim x$，$\arctan x\sim x$，$e^x-1\sim x$，$a^x-1\sim x\ln a$，$\ln(1+x)\sim x$。

例 3 求极限 $\lim\limits_{x\to0}\dfrac{\tan3x}{\sin5x}$。

解： 当 $x\to0$ 时，$\tan3x\sim3x$，$\sin5x\sim5x$，所以

$$\lim_{x\to0}\frac{\tan3x}{\sin5x}=\lim_{x\to0}\frac{3x}{5x}=\lim_{x\to0}\frac{3}{5}=\frac{3}{5}。$$

例 4 求极限 $\lim\limits_{x\to0}\dfrac{\arctan2x}{e^x-1}$。

解： 当 $x\to0$ 时，$\arctan2x\sim2x$，$e^x-1\sim x$，所以

$$\lim_{x\to0}\frac{\arctan2x}{e^x-1}=\lim_{x\to0}\frac{2x}{x}=\lim_{x\to0}2=2。$$

【课堂练习 1-6】

1. 求极限 $\lim\limits_{x\to0}x\cos\dfrac{1}{x}$。

2. 求极限 $\lim\limits_{x\to0}\dfrac{2^x}{x}$。

3. 求极限$\lim\limits_{x\to 0}\frac{\arctan 3x}{\sin 2x}$。

4. 求极限$\lim\limits_{x\to 0}\frac{e^{2x}-1}{\ln(1+x)}$。

第七节　函数的连续性

一、连续的概念

观察函数 $y=x^2$ 与 $y=\frac{1}{x}$ 的图像，如图 1-25 和图 1-26 所示，容易看出，在 $x=0$ 处，函数 $y=x^2$ 对应的曲线是连续的，而函数 $y=\frac{1}{x}$ 对应的曲线却是断开的。

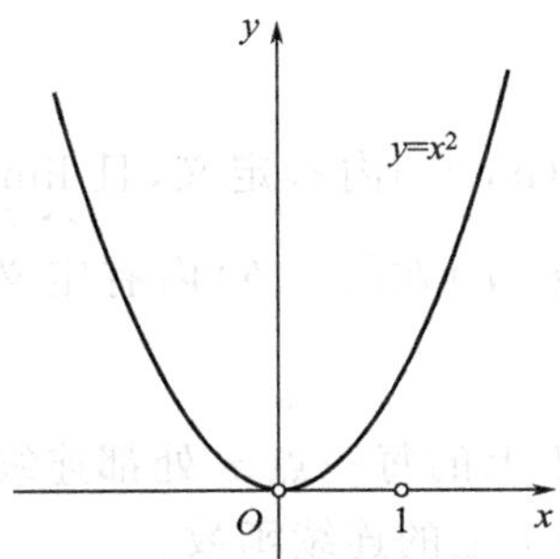

图 1-25

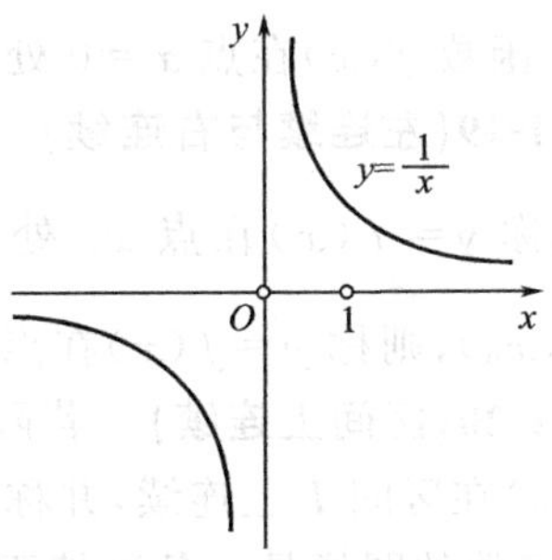

图 1-26

为了更好地描述类似的情形，引入以下概念：

定义 1-17(点连续概念 1)　设函数 $y=f(x)$在点 x_0 处及其左右附近有定义，若关系式$\lim\limits_{x\to x_0}f(x)=f(x_0)$成立，则称函数 $y=f(x)$在点 x_0 处连续。

注：式子 $\lim\limits_{x\to x_0}f(x)=f(x_0)$成立包含以下几层意思：

(1) $f(x)$在点 x_0 处有意义，且函数值等于 $f(x_0)$；

(2) $f(x)$在点 x_0 处的极限$\lim\limits_{x\to x_0}f(x)$存在，也就是说左极限 $\lim\limits_{x\to x_0^-}f(x)$和右极限 $\lim\limits_{x\to x_0^+}f(x)$都存在，且相等；

(3) 函数值 $f(x_0)$和函数极限$\lim\limits_{x\to x_0}f(x)$(即 $\lim\limits_{x\to x_0^-}f(x)$和 $\lim\limits_{x\to x_0^+}f(x)$)均相等。

根据函数极限与无穷小量的关系，$\lim\limits_{x\to x_0}f(x)=f(x_0)$等价于$\lim\limits_{x\to x_0}[f(x)-f(x_0)]=0$，而 $x\to x_0$ 等价于$(x-x_0)\to 0$，所以，在点连续概念的定义中，式子$\lim\limits_{x\to x_0}f(x)=f(x_0)$可以改写成：

$$\lim_{(x-x_0)\to 0}[f(x)-f(x_0)]=0。$$

常把此式中的 $x-x_0$ 记作 Δx，称为自变量在 x_0 处的改变量(也称为自变量增量)，把

对应的 $f(x)-f(x_0)$ 记作 Δy，称为函数的改变量(也称为函数增量)。所以，上式可以写成 $\lim\limits_{\Delta x\to 0}\Delta y=0$。由此，点连续也可以定义如下。

定义 1-18(点连续概念 2) 设函数 $y=f(x)$ 在点 x_0 处及其左右附近有定义，自变量在点 x_0 处的改变量为 Δx，相应的函数改变量为 Δy，若关系式 $\lim\limits_{\Delta x\to 0}\Delta y=0$ 成立，则称函数 $y=f(x)$ 在点 x_0 处连续。

此定义说明，若函数 $y=f(x)$ 在点 x_0 处连续，则当自变量的变化很小时(趋向于 0)，函数的变化也会很小(趋向于 0)。

例 1 讨论函数 $f(x)=\begin{cases} x\sin\dfrac{1}{x}, & x\neq 0 \\ 0, & x=0 \end{cases}$ 在点 $x=0$ 处的连续性。

分析：要想知道函数在点 $x=0$ 处是否连续，根据定义 1-17，只需求出其在点 $x=0$ 处的函数值，以及当 $x\to 0$ 时的函数极限，比较两者是否相等，如相等则连续，否则不连续。

解：根据所给函数，有 $f(0)=0$，$\lim\limits_{x\to 0}f(x)=\lim\limits_{x\to 0}\left(x\sin\dfrac{1}{x}\right)=0$，所以

$$\lim_{x\to 0}f(x)=f(0),$$

所以，函数 $f(x)$ 在点 $x=0$ 处连续。

定义 1-19(左连续与右连续) 若函数 $y=f(x)$ 在 $(a,x_0]$ 内有定义，且 $\lim\limits_{x\to x_0^-}f(x)=f(x_0)$，则称 $y=f(x)$ 在点 x_0 处左连续；若函数 $y=f(x)$ 在 $[x_0,b)$ 内有定义，且 $\lim\limits_{x\to x_0^+}f(x)=f(x_0)$，则称 $y=f(x)$ 在点 x_0 处右连续。

定义 1-20(区间上连续) 若函数 $y=f(x)$ 在区间 I 上的每一点 x 处都连续，则称函数 $y=f(x)$ 在区间 I 上连续，并称函数 $y=f(x)$ 为区间 I 上的连续函数。

连续函数的图像是一条连续不断的曲线。根据前面极限运算相关法则，可以证明，初等函数在其定义域内都是连续的。

二、连续函数的性质

定理 1-6(最大值与最小值定理) 若函数 $f(x)$ 在闭区间 $[a,b]$ 上连续，则 $f(x)$ 在 $[a,b]$ 上有最大值与最小值。

定理 1-7(有界性定理) 若函数 $f(x)$ 在闭区间 $[a,b]$ 上连续，则 $f(x)$ 在 $[a,b]$ 上有界。

定理 1-8(介值定理) 若函数 $f(x)$ 在闭区间 $[a,b]$ 上连续，且 $f(a)\neq f(b)$，那么，对介于 $f(a)$ 和 $f(b)$ 之间的任意一个实数 C(即 $f(a)<C<f(b)$ 或 $f(b)<C<f(a)$)，至少存在一点 $x_0\in(a,b)$，使得 $f(x_0)=C$。

推论 1(零点定理) 若函数 $f(x)$ 在闭区间 $[a,b]$ 上连续，且 $f(a)$ 与 $f(b)$ 异号(即 $f(a)\cdot f(b)<0$)，则至少存在一点 $x_0\in(a,b)$，使得 $f(x_0)=0$，即方程 $f(x)=0$ 在 (a,b) 内至少有一个根(或称为函数 $f(x)$ 的一个零点)。

推论 2 闭区间上的连续函数必能取得介于其最大值与最小值之间的任何值。

【课堂练习 1-7】

1. 讨论函数 $f(x)=\begin{cases} x+1, x\geqslant 0 \\ x-1, x<0 \end{cases}$ 在点 $x=0$ 处的连续性。

2. 讨论函数 $f(x)=\begin{cases}2x-1, x<0\\ x+1, x\geqslant 0\end{cases}$ 在点 $x=0$ 处的连续性。

3. 讨论函数 $f(x)=\begin{cases}e^{x-\frac{1}{2}}, & x\neq 0\\ 0, & x=0\end{cases}$ 在点 $x=0$ 处的连续性。

复习题一

一、填空题

1. 函数 $f(x)=\sqrt{\lg(x-2)}$ 的定义域是__________；

2. $\lim\limits_{x\to -1}\dfrac{x^3+x}{2+x}=$__________，　$\lim\limits_{x\to -1}\ln(3x^2+x+1)=$__________；

3. $\lim\limits_{x\to\infty}10^{\frac{1}{x}}=$__________，　$\lim\limits_{n\to\infty}\dfrac{1+2n}{1-2n}=$__________；

4. $\lim\limits_{n\to\infty}\dfrac{1}{n}\sin n=$__________，　$\lim\limits_{x\to 1}\dfrac{x^2+x}{1-x}=$__________；

5. $\lim\limits_{x\to 0}\dfrac{\sin 6x}{2x}=$__________，　$\lim\limits_{x\to 0}\dfrac{x}{\sin 2x}=$__________；

6. $\lim\limits_{x\to 0}(1+2x)^{\frac{1}{4x}}=$__________，　$\lim\limits_{x\to\infty}\left(1+\dfrac{1}{3x}\right)^x=$__________。

二、选择题

1. 已知 $f(x)=\dfrac{x^2-1}{|x-1|}$，则 $f\left(\dfrac{1}{2}\right)=$(　　)。

A. $\dfrac{3}{2}$　　B. $-\dfrac{3}{2}$　　C. $-\dfrac{5}{2}$　　D. $\dfrac{5}{2}$

2. 函数 $y=x^2(x-1)^2$ 在区间(0,1)内(　　)。

A. 单调递增　　B. 单调递减

C. 不增不减　　D. 有增有减

3. 当 $x\to 0$ 时，$y=\sin\dfrac{1}{x}$ 为(　　)。

A. 无穷小量　　B. 无穷大量

C. 有界变量但不是无穷小量　　D. 无界变量

4. 已知函数 $f(x)=\begin{cases}-2, & x\leqslant -1\\ x-1, & -1<x<0\\ \sqrt{1-x^2}, & 0\leqslant x<1\end{cases}$，则 $\lim\limits_{x\to -1}f(x)$ 和 $\lim\limits_{x\to 0}f(x)$(　　)。

A. 都存在　　B. 都不存在

C. 第一个存在，第二个不存在　　D. 第一个不存在，第二个存在

5. $f(x)$在点$x=x_0$处有定义，是$f(x)$在$x=x_0$连续的(　　)。

A. 必要条件　　B. 充分条件

C. 充分必要条件　　D. 无关条件

6. 下列极限存在的有(　　)。

A. $\lim\limits_{x\to\infty}\dfrac{x(x+1)}{x^2}$　　B. $\lim\limits_{x\to 0}\dfrac{1}{2^x-1}$

C. $\lim\limits_{x\to 0}e^{\frac{1}{x}}$　　D. $\lim\limits_{x\to\infty}\sqrt{\dfrac{x^2+1}{x}}$

三、指出下列函数是有哪些基本初等函数复合而成？

1. $y=\ln\tan\sqrt{x}$；　2. $y=e^{\sin^3 x}$；　3. $y=\cos\dfrac{1}{\sqrt{2x^2+1}}$。

四、若$\lim\limits_{x\to\infty}\dfrac{a^2x^2+3x-1}{bx}=1$，问$a$，$b$各等于多少？

五、求下列函数的极限

1. $\lim\limits_{x\to\infty}\dfrac{8x^2-9x+1}{4x^2+11x}$；　2. $\lim\limits_{n\to\infty}\dfrac{3n^2+6n-1}{5n^3+4n^2-1}$；

3. $\lim\limits_{x\to\infty}\dfrac{2x+\sin x}{4x-\sin x}$；　4. $\lim\limits_{t\to 0}\dfrac{(x+t)^2-x^2}{t}$。

六、求下列函数的极限

1. $\lim\limits_{x\to 3}\dfrac{x^2-9}{x^2-5x+6}$；　2. $\lim\limits_{x\to 1}\dfrac{x^3-1}{x^4-1}$；

3. $\lim\limits_{x\to 0}\dfrac{\sqrt{4-x}-\sqrt{4+x}}{x(x+1)}$；　4. $\lim\limits_{x\to\infty}\left(\dfrac{x^2}{x-1}-\dfrac{x^2}{x+1}\right)$。

七、求下列函数的极限

1. $\lim\limits_{x\to 0}\dfrac{\sin 7x}{\tan 8x}$；　2. $\lim\limits_{x\to\infty}\left(1+\dfrac{1}{2x}\right)^x$；

3. $\lim\limits_{x\to\infty}\left(1+\dfrac{2}{x}\right)^x$；　4. $\lim\limits_{x\to 0}\left(1+\dfrac{1}{2}x\right)^{\frac{2}{x}}$。

八、某城市为节约用电，在保证居民正常用电的前提下，制定了如下收费方法：每户居民每月用电量不超过100kW·h时，电费按1.1元/kW·h计算，超过部分每千瓦时以2倍价格收费，试建立每月电费与用电量之间的函数关系。

九、某公司需要资金100万元，可向三家银行贷款，三家银行均要求10年后一次还本付息，但计息方式分别为：

1. 甲银行单利计息，年利率为15%；

2. 乙银行复利计息，年利率为10%；

3. 丙银行连续复利计息，年利率为 10%。

问该公司应该向哪家银行贷款？

十、某展览馆的门票是：每人 5 元，40 人以上（含 40 人）的团队票以 6 折优惠。设团体人数为 x，所花门票费为 y 与团队人数 x 之间的函数关系，并分别计算当有 32 名、40 名、50 名学生入馆参观时需要支付门票费。试简单分析购票策略。

第二章 导数与微分

第一节　导数的概念

一、导数的概念

请看下面 2 个例题。

例 1　平面曲线的切线

设曲线 l 的方程为 $y=f(x)$，$M(x_0,y_0)$为 l 上的点，求曲线 l 在点 $M(x_0,y_0)$处的切线的斜率。

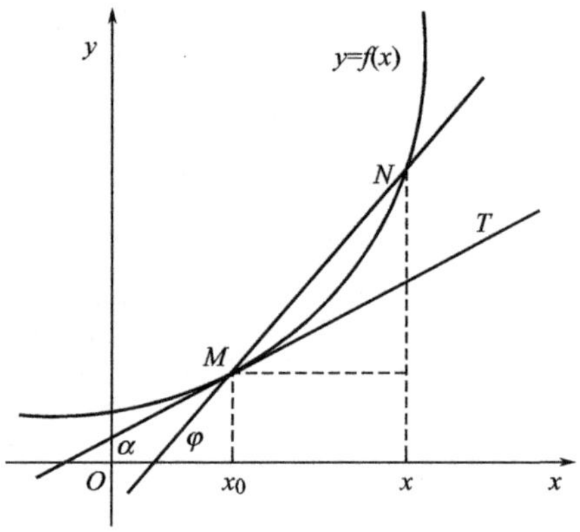

图 2-1

如图 2-1 所示，在点 M 的邻近任取一点 $N(x,y)\in l$，连接 MN，直线 MN 称为曲线 l 的一条割线，设其倾斜角为 φ，并且令 $\Delta x=x-x_0$，则 $x=x_0+\Delta x$，$y=f(x)=f(x_0+\Delta x)$，得割线 MN 的斜率为

$$\tan\varphi=\frac{\Delta y}{\Delta x}=\frac{f(x)-f(x_0)}{\Delta x}=\frac{f(x_0+\Delta x)-f(x_0)}{\Delta x}$$

当点 N 沿着曲线 l 无限接近于点 M 时，即 $\Delta x\to 0$ 时，割线 MN 的位置也随着变动，且其倾斜角 φ 无限接近于切线 MT 的倾斜角 α，故割线 MN 的斜率 $\tan\varphi$ 也无限接近于切线 MT 的斜率 $\tan\alpha$，所以，曲线 l 在点 $M(x_0,y_0)$处的切线斜率为：

$$\tan\alpha=\lim_{\Delta x\to 0}\tan\varphi=\lim_{\Delta x\to 0}\frac{\Delta y}{\Delta x}=\lim_{\Delta x\to 0}\frac{f(x)-f(x_0)}{\Delta x}=\lim_{\Delta x\to 0}\frac{f(x_0+\Delta x)-f(x_0)}{\Delta x}。$$

例 2　变速直线运动的瞬时速度

在物体做直线运动时，它经过的路程 s 是经过时间 t 的函数 $s=s(t)$，物体在时刻 $t=t_0$ 时走过的路程为 $s(t_0)$，在时刻 $t=t_0+\Delta t$ 时走过的路程为 $s(t_0+\Delta t)$，从而在时刻 t_0 到 $t_0+\Delta t$ 这一段时间间隔 Δt 内，所走过的路程为 $\Delta s=s(t_0+\Delta t)-s(t_0)$，所以，在此时间段内的平均速度为

$$\bar{v}=\frac{\Delta s}{\Delta t}=\frac{s(t_0+\Delta t)-s(t_0)}{\Delta t}。$$

一般情况下，平均速度 $\bar{v}$ 与时间间隔 Δt 有关。当时间间隔 Δt 很短时，物体的运动速度变化不大，可以用平均速度 $\bar{v}$ 近似表示物体作直线运动在时刻 $t=t_0$ 的快慢程度，而时间间隔 Δt 越短，近似程度就越高，当 $\Delta t\to 0$ 时，若平均速度 $\bar{v}$ 的极限存在，则称此极限为

物体作直线运动在时刻 $t=t_0$ 的瞬时速度，即

$$v=\lim_{\Delta t\to 0}\frac{\Delta s}{\Delta t}=\lim_{\Delta t\to 0}\frac{s(t_0+\Delta t)-s(t_0)}{\Delta t}。$$

以上两个实例，分别是属于几何学与运动学的问题，但从数量关系看，它们都是求已知函数 $y=f(x)$ 关于自变量 x 在一点 x_0 处的函数改变量 Δy 与自变量改变量 Δx 的比的极限 $\lim\limits_{\Delta x\to 0}\dfrac{\Delta y}{\Delta x}$，此极限在实际中经常会使用到，故引入以下概念。

定义 2-1(导数) 已知函数 $y=f(x)$ 在点 x_0 处及左右有定义，自变量 x 在点 x_0 处有改变量 $\Delta x\neq 0$，相应的函数改变量为 $\Delta y=f(x_0+\Delta x)-f(x_0)$。当 $\Delta x\to 0$ 时，若比值 $\dfrac{\Delta y}{\Delta x}$ 的极限存在，则称函数 $y=f(x)$ 在点 x_0 处可导，并称此极限为函数 $y=f(x)$ 在点 x_0 处的导数，记作

$$f'(x_0)=\lim_{\Delta x\to 0}\frac{\Delta y}{\Delta x}=\lim_{\Delta x\to 0}\frac{f(x_0+\Delta x)-f(x_0)}{\Delta x} \tag{1}$$

也可以记作

$$y'|_{x=x_0} 或 \frac{\mathrm{d}}{\mathrm{d}x}f(x)|_{x=x_0} 或 \frac{\mathrm{d}y}{\mathrm{d}x}|_{x=x_0},$$

当(1)式极限不存在时，则称函数 $f(x)$ 在点 x_0 处不可导。

在定义 2-1 中，若记 $x=x_0+\Delta x$，则有 $\Delta x=x-x_0$，且 $\Delta x\to 0$ 等价于 $x\to x_0$，故可将(1)式写成

$$f'(x_0)=\lim_{x\to x_0}\frac{f(x)-f(x_0)}{x-x_0}。$$

由定义 2-1 知道，上面例 1、例 2 两个实例的结果可以分别表示为：

(1) 曲线 $y=f(x)$ 上点 $M(x_0,y_0)$ 处的切线的斜率 $k=\tan\alpha=f'(x_0)$；

(2) 物体变速直线运动在 t_0 时刻的瞬时速度 $v(t_0)=s'(t_0)$。

需要指出，如果极限 $\lim\limits_{\Delta x\to 0^-}\dfrac{\Delta y}{\Delta x}=\lim\limits_{\Delta x\to 0^-}\dfrac{f(x_0+\Delta x)-f(x_0)}{\Delta x}$ 存在，则称此极限值为函数 $y=f(x)$ 在 x_0 处的左导数，并记为 $f_-'(x_0)$，即 $f_-'(x_0)=\lim\limits_{\Delta x\to 0^-}\dfrac{\Delta y}{\Delta x}$；类似地，如果极限 $\lim\limits_{\Delta x\to 0^+}\dfrac{\Delta y}{\Delta x}=\lim\limits_{\Delta x\to 0^+}\dfrac{f(x_0+\Delta x)-f(x_0)}{\Delta x}$ 存在，则称此极限值为函数 $y=f(x)$ 在 x_0 处的右导数，并记为 $f_+'(x_0)$，即 $f_+'(x_0)=\lim\limits_{\Delta x\to 0^+}\dfrac{\Delta y}{\Delta x}$。

根据函数在点 x_0 处的极限与左右极限的关系，可得如下定理：

定理 2-1 函数 $y=f(x)$ 在点 x_0 处可导等价于函数 $y=f(x)$ 在点 x_0 处的左、右导数都存在且相等。

若函数 $y=f(x)$ 在区间 I 上每一点 x 处都可导，则称函数在区间 I 上可导，这时对任意 $x\in I$，都有一个确定的导数与之对应，于是得到一个新的函数，这个新的函数称为函数 $y=f(x)$ 的导函数(简称导数)，记为

$$f'(x)=\lim_{\Delta x\to 0}\frac{\Delta y}{\Delta x}=\lim_{\Delta x\to 0}\frac{f(x+\Delta x)-f(x)}{\Delta x}。$$

例 3 求函数 $f(x)=x^2$ 的导函数 $f'(x)$，以及当 $x=1$ 时的导数 $f'(1)$。

分析：求 $f(x)=x^2$ 的导函数相当于求其定义区间上任意点的导数，只需将求导数过程中的特定点 x_0 换为任意点 x 进行计算即可，而当导函数 $f'(x)$ 知道之后，只需把 $x=1$ 代入导函数 $f'(x)$ 即可得到导数 $f'(1)$。

解：(1) 求函数改变量 $\Delta y=(x+\Delta x)^2-x^2=2x(\Delta x)+(\Delta x)^2$；

(2) 求比值 $\dfrac{\Delta y}{\Delta x}=2x+\Delta x$；

(3) 取极限 $\lim\limits_{\Delta x\to 0}\dfrac{\Delta y}{\Delta x}=\lim\limits_{\Delta x\to 0}(2x+\Delta x)=2x$；

故得函数 $f(x)=x^2$ 的导函数 $f'(x)=2x$，把 $x=1$ 代入，可得 $f'(1)=2$。

例 4 若极限 $\lim\limits_{h\to 0}\dfrac{f(x_0+3h)-f(x_0)}{h}=6$，求导数 $f'(x_0)$ 的值。

分析：在导数定义式 $\lim\limits_{\Delta x\to 0}\dfrac{f(x_0+\Delta x)-f(x_0)}{\Delta x}$ 中，其中比式的分母为自变量的差，分子为对应函数值的差，并且自变量的差趋向于0(即分母趋向于0)，这样求得的极限即是函数在对应点 x_0 处的导数。而对于本题，分子中自变量的差为 $(x_0+3h)-x_0=3h$，分母中自变量的差为 h，两者不相等，故需通过代数变形，使得两者相等，方可使用定义式求解，式中分子不易进行变形，故将分母换成 $3h$ 进行求解。

解：对 $\lim\limits_{h\to 0}\dfrac{f(x_0+3h)-f(x_0)}{h}=6$ 进行变形，得

$$3\lim_{h\to 0}\frac{f(x_0+3h)-f(x_0)}{3h}=6$$

$$\lim_{h\to 0}\frac{f(x_0+3h)-f(x_0)}{3h}=2$$

所以 $f'(x_0)=\lim\limits_{h\to 0}\dfrac{f(x_0+3h)-f(x_0)}{3h}=2$

例 5 已知 $f'(x_0)=2$，求 $\lim\limits_{\Delta x\to 0}\dfrac{f(x_0-3\Delta x)-f(x_0)}{\Delta x}$。

解：由于比式中分子部分自变量的差 $(x_0-3\Delta x)-x_0=-3\Delta x$，故将比式分母变形为 $-3\Delta x$，则

$$\lim_{\Delta x\to 0}\frac{f(x_0-3\Delta x)-f(x_0)}{\Delta x}=-3\lim_{\Delta x\to 0}\frac{f(x_0-3\Delta x)-f(x_0)}{-3\Delta x}$$

$$=-3f'(x_0)=-3\times 2=-6$$

二、导数的几何意义

根据例 1 的讨论及导数的定义可知，如果函数 $y=f(x)$ 在点 x_0 处可导，则 $f'(x_0)$ 就是曲线 $y=f(x)$ 在点 $M_0[x_0,f(x_0)]$ 处的切线的斜率，即

$$k=\tan\alpha=f'(x_0)$$

其中 α 是曲线 $y=f(x)$ 在点 M_0 处的切线的倾斜角，如图 2-2 所示。

于是，由直线的点斜式方程可得过点 M_0 的切线方程如下：

$y-f(x_0)=f'(x_0)(x-x_0)$。

相应的法线方程如下：

$y-f(x_0)=-\dfrac{1}{f'(x_0)}(x-x_0)$，其中 $f'(x_0)\neq 0$

如果 $f'(x_0)$ 为无穷大量，则其切线方程为 $x-x_0=0$，此时切线垂直于 x 轴。

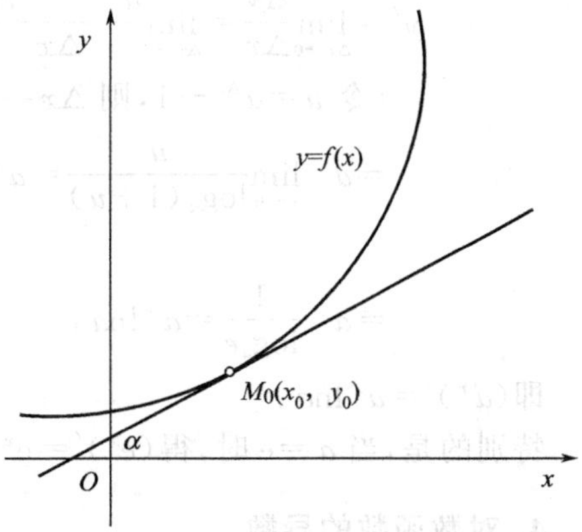

图 2-2

例 6 已知曲线 $f(x)=x^2$，当 $x=2$ 时，求其切线与法线方程。

解：由已知得

$f'(x)=(x^2)'=2x$

$f'(2)=2\times 2=4$，且 $f(2)=2^2=4$，

因此，所求切线方程为 $y-4=4(x-2)$，整理得 $4x-y-4=0$，

所求法线方程为 $y-4=-\dfrac{1}{4}(x-2)$，整理得 $x+4y-18=0$。

三、基本初等函数的导数

根据导数定义以及极限运算法则，可以求得基本初等函数的导数。

1. 常量函数的导数

设 $f(x)=c$（其中 c 为常量），

根据导数的定义，容易得出：

$$f'(x)=f(c)'=\lim_{\Delta x\to 0}\frac{f(x+\Delta x)-f(x)}{\Delta x}=\lim_{\Delta x\to 0}\frac{c-c}{\Delta x}=0,$$

即 $f(c)'=0$。

2. 幂函数的导数

设 $y=x^n$（n 为正整数），

$$\begin{aligned}y'&=\lim_{\Delta x\to 0}\frac{\Delta y}{\Delta x}=\lim_{\Delta x\to 0}\frac{(x+\Delta x)^n-x^n}{\Delta x}\\&=\lim_{\Delta x\to 0}\frac{\Delta x[(x+\Delta x)^{n-1}+(x+\Delta x)^{n-2}x+\cdots+(x+\Delta x)x^{n-2}+x^{n-1}]}{\Delta x}\\&=\lim_{\Delta x\to 0}[(x+\Delta x)^{n-1}+(x+\Delta x)^{n-2}x+\cdots+(x+\Delta x)x^{n-2}+x^{n-1}]\\&=nx^{n-1}\end{aligned}$$

可以证明，对于任意实数 α，幂函数 $y=x^\alpha$ 的导数为：

$$y'=(x^\alpha)'=\alpha x^{\alpha-1}$$

3. 指数函数的导数

设 $y=a^x(a>0,a\neq 1)$，

$$y'=\lim_{\Delta x\to 0}\frac{\Delta y}{\Delta x}=\lim_{\Delta x\to 0}\frac{a^{x+\Delta x}-a^x}{\Delta x}=\lim_{\Delta x\to 0}\frac{a^x(a^{\Delta x}-1)}{\Delta x}=a^x\lim_{\Delta x\to 0}\frac{(a^{\Delta x}-1)}{\Delta x}$$

（令 $u=a^{\Delta x}-1$，则 $\Delta x=\log_a(1+u)$，且当 $\Delta x\to 0$ 时，$u\to 0$）

$$=a^x\lim_{u\to 0}\frac{u}{\log_a(1+u)}=a^x\lim_{u\to 0}\frac{1}{\frac{1}{u}\log_a(1+u)}=a^x\lim_{u\to 0}\frac{1}{\log_a(1+u)^{\frac{1}{u}}}$$

$$=a^x\frac{1}{\log_a e}=a^x\ln a,$$

即 $(a^x)'=a^x\ln a$，

特别的是，当 $a=\mathrm{e}$ 时，得 $(\mathrm{e}^x)'=\mathrm{e}^x$。

4. 对数函数的导数

设 $y=\log_a x(a>0,a\neq 1)$

$$y'=\lim_{\Delta x\to 0}\frac{\Delta y}{\Delta x}=\lim_{\Delta x\to 0}\frac{\log_a(x+\Delta x)-\log_a x}{\Delta x}=\lim_{\Delta x\to 0}\frac{\log_a\frac{x+\Delta x}{x}}{\Delta x}=\lim_{\Delta x\to 0}\left[\frac{1}{\Delta x}\log_a\left(1+\frac{\Delta x}{x}\right)\right]$$

$$=\lim_{\Delta x\to 0}\log_a\left(1+\frac{\Delta x}{x}\right)^{\frac{1}{\Delta x}}=\lim_{\Delta x\to 0}\log_a\left[\left(1+\frac{\Delta x}{x}\right)^{\frac{x}{\Delta x}}\right]^{\frac{1}{x}}=\log_a\left[\lim_{\Delta x\to 0}\left(1+\frac{\Delta x}{x}\right)^{\frac{x}{\Delta x}}\right]^{\frac{1}{x}}$$

$$=\log_a \mathrm{e}^{\frac{1}{x}}=\frac{1}{x}\log_a\mathrm{e}=\frac{1}{x}\cdot\frac{1}{\ln a}=\frac{1}{x\ln a}$$

即 $(\log_a x)'=\dfrac{1}{x\ln a}$，

特别的是，当 $a=\mathrm{e}$ 时，得 $(\ln x)'=\dfrac{1}{x}$。

5. 三角函数的导数

(1) $(\sin x)'=\lim\limits_{\Delta x\to 0}\dfrac{\Delta y}{\Delta x}=\lim\limits_{\Delta x\to 0}\dfrac{\sin(x+\Delta x)-\sin x}{\Delta x}$

$$=\lim_{\Delta x\to 0}\frac{2\sin\frac{\Delta x}{2}\cos\frac{2x+\Delta x}{2}}{\Delta x}=\lim_{\Delta x\to 0}\left(\frac{\sin\frac{\Delta x}{2}}{\frac{\Delta x}{2}}\cdot\cos\frac{2x+\Delta x}{2}\right)$$

$$=\lim_{\Delta x\to 0}\frac{\sin\frac{\Delta x}{2}}{\frac{\Delta x}{2}}\cdot\lim_{\Delta x\to 0}\cos\frac{2x+\Delta x}{2}=1\cdot\cos x=\cos x,$$

即 $(\sin x)'=\cos x$；

(2) $(\cos x)'=\lim\limits_{\Delta x\to 0}\dfrac{\Delta y}{\Delta x}=\lim\limits_{\Delta x\to 0}\dfrac{\cos(x+\Delta x)-\cos x}{\Delta x}$

$$=\lim_{\Delta x\to 0}\frac{-2\sin\frac{\Delta x}{2}\sin\frac{2x+\Delta x}{2}}{\Delta x}=-\lim_{\Delta x\to 0}\left(\frac{\sin\frac{\Delta x}{2}}{\frac{\Delta x}{2}}\cdot\sin\frac{2x+\Delta x}{2}\right)$$

$$=-\lim_{\Delta x\to 0}\frac{\sin\frac{\Delta x}{2}}{\frac{\Delta x}{2}}\cdot\lim_{\Delta x\to 0}\sin\frac{2x+\Delta x}{2}=-1\cdot\sin x=-\sin x,$$

即$(\cos x)'=-\sin x$;

(3) $(\tan x)'=\left(\frac{\sin x}{\cos x}\right)'=\frac{(\sin x)'\cos x-\sin x(\cos x)'}{\cos^2 x}$

$$=\frac{\cos x\cos x+\sin x\sin x}{\cos^2 x}=\frac{\cos^2 x+\sin^2 x}{\cos^2 x}=\frac{1}{\cos^2 x}=\sec^2 x,$$

即$(\tan x)'=\sec^2 x$;

(4) $(\cot x)'=\left(\frac{1}{\tan x}\right)'=-\frac{(\tan x)'}{\tan^2 x}=-\frac{\sec^2 x}{\tan^2 x}=-\frac{1}{\tan^2 x\cos^2 x}$

$$=-\frac{1}{\sin^2 x}=-\csc^2 x,$$

即$(\cot x)'=-\csc^2 x$。

6. 反三角函数的导数

下面利用隐函数求导的方法,求出反三角函数的导数,此方法将在下一节进行详细介绍。

(1) 函数 $y=\arcsin x$ 的导数。

由 $y=\arcsin x$ 得 $x=\sin y, y\in\left[-\frac{\pi}{2},\frac{\pi}{2}\right]$,

两边求关于 x 的导数,得

$$1=\cos y\cdot y'$$

$$1=\sqrt{1-\sin^2 y}\cdot y'$$

$$1=\sqrt{1-x^2}\cdot y'$$

所以 $y'=\frac{1}{\sqrt{1-x^2}}$,

即$(\arcsin x)'=\frac{1}{\sqrt{1-x^2}}$。

(2) 函数 $y=\arccos x$ 的导数。

由 $y=\arccos x$ 得 $x=\cos y, y\in[0,\pi]$,

两边求关于 x 的导数,得

$$1=-\sin y\cdot y'$$

$$1=-\sqrt{1-\cos^2 y}\cdot y'$$

$$1=-\sqrt{1-x^2}\cdot y'$$

所以 $y'=-\frac{1}{\sqrt{1-x^2}}$,

即$(\arccos x)'=-\frac{1}{\sqrt{1-x^2}}$。

(3) 函数 $y=\arctan x$ 的导数。

由 $y=\arctan x$ 得 $x=\tan y, y\in\left(-\frac{\pi}{2},\frac{\pi}{2}\right)$

两边求关于 x 的导数,得

$$1=\sec^2 y\cdot y'$$
$$1=(1+\tan^2 y)\cdot y'$$
$$1=(1+x^2)\cdot y'$$

所以,$y'=\frac{1}{1+x^2}$,

即$(\arctan x)'=\frac{1}{1+x^2}$。

同理可得$(\operatorname{arccot} x)'=-\frac{1}{1+x^2}$。

(4) 函数 $y=\operatorname{arccot} x$ 的导数。

由 $y=\operatorname{arccot} x$ 得 $x=\cot y, y\in(0,\pi)$

两边求关于 x 的导数,得

$$1=-\csc^2 y\cdot y'$$
$$1=-(1+\cot^2 y)\cdot y'$$
$$1=-(1+x^2)\cdot y'$$

所以,$y'=-\frac{1}{1+x^2}$,

即$(\operatorname{arccot} x)'=-\frac{1}{1+x^2}$。

综合上面的讨论,由基本初等函数可得到导数基本公式:

(1) $(c)'=0$,其中 c 为常数;

(2) $(x^\alpha)'=\alpha x^{\alpha-1}$,其中 α 为常数;

(3) $(a^x)'=a^x\ln a,(a>0,a\neq1)$;

(4) $(e^x)'=e^x$;

(5) $(\log_a x)'=\frac{1}{x\ln a},(a>0,a\neq1)$;

(6) $(\ln x)'=\frac{1}{x}$;

(7) $(\sin x)'=\cos x$;

(8) $(\cos x)'=-\sin x$;

(9) $(\tan x)'=\sec^2 x$;

(10) $(\cot x)'=-\csc^2 x$;

(11) $(\arcsin x)'=\frac{1}{\sqrt{1-x^2}}$;

(12) $(\arccos x)'=-\frac{1}{\sqrt{1-x^2}}$;

(13) $(\arctan x)'=\dfrac{1}{1+x^2}$;

(14) $(\text{arccot}x)'=-\dfrac{1}{1+x^2}$。

【课堂练习 2-1】

1. 求函数 $f(x)=3x^2$ 的导函数 $f'(x)$,以及当 $x=-1$ 时的导数 $f'(-1)$。

2. 若极限 $\lim\limits_{h\to0}\dfrac{f(x_0-2h)-f(x_0)}{h}=6$,求导数 $f'(x_0)$的值。

3. 已知 $f'(x_0)=2$,求 $\lim\limits_{\Delta x\to0}\dfrac{f(x_0+2\Delta x)-f(x_0-\Delta x)}{\Delta x}$。

4. 已知 $f'(x_0)$存在,求 $\lim\limits_{h\to0}\dfrac{f(x_0+h)-f(x_0-2h)}{h}$。

第二节 导数的运算

尽管上一节给出了导数的定义,并根据导数定义中给出的方法计算了基本初等函数的导数,但是若对每一个函数都使用定义进行求导,其工作量是很大的。为此,本节给出导数的基本运算法则,可以进一步简化求导的计算。

一、导数的四则运算

法则 1 如果函数 $u(x)$,$v(x)$在点 x 可导,则 $f(x)=u(x)\pm v(x)$在点 x 也可导,且

$$f'(x)=[u(x)\pm v(x)]'=u'(x)\pm v'(x)。$$

法则 2 如果函数 $u(x)$,$v(x)$在点 x 可导,则 $f(x)=u(x)v(x)$在点 x 也可导,且

$$f'(x)=[u(x)v(x)]'=u'(x)v(x)+u(x)v'(x)。$$

法则 3 如果函数 $u(x)$,$v(x)$在点 x 可导,则 $f(x)=\dfrac{u(x)}{v(x)}(v(x)\neq0)$在点 x 也可导,且

$$f'(x)=\left[\frac{u(x)}{v(x)}\right]'=\frac{u'(x)v(x)-u(x)v'(x)}{v^2(x)}。$$

注:(1) 法则 1、2 均可推广到有限多个函数的情形,比如

$[u(x)\pm v(x)\pm w(x)]'=u'(x)\pm v'(x)\pm w'(x)$,

$[u(x)v(x)w(x)]'=u'(x)v(x)w(x)+u(x)v'(x)w(x)+u(x)v(x)w'(x)$;

(2) 法则 2 中,若 $v(x)=k$(k 为常数),则有$[ku(x)]'=ku'(x)$。

例 1 求函数 $y=x^3+2x-\sin x$ 的导数。

解:$y'=(x^3)'+(2x)'-(\sin x)'=3x^2+2-\cos x$

例 2 求函数 $y=\dfrac{1}{x}$的导数。

解:$y'=\left(\dfrac{1}{x}\right)'=\dfrac{(1)'\cdot x-1\cdot(x)'}{x^2}=\dfrac{0-1}{x^2}=-\dfrac{1}{x^2}$

二、复合函数的导数

定理 2-2 如果函数 $u=u(x)$ 在点 x 处可导，函数 $y=f(u)$ 在对应点 u 处可导，则复合函数 $y=f[u(x)]$ 在点 x 处可导，且导数为：

$$y'=\{f[u(x)]\}'=f'[u(x)]u'(x)。$$

注：(1) 注意区分 $\{f[u(x)]\}'$ 与 $f'[u(x)]$，前者表示函数 $y=f[u(x)]$ 相对于自变量 x 的导数，而后者表示的是 $f[u(x)]$ 相对于中间变量 $u(x)$ 的导数；

(2) 使用此法则求导时，一般由复合函数的外层开始求导，此时其对应的中间变量不变，再乘以中间变量的导数，如此继续，直到最内层的函数；

(3) 对于函数 $y=f(x)$，若把 x 看成中间变量，求导可得 $y'=[f(x)]'=f'(x)\cdot(x)'$，与上述公式是一致的，但此时由于 x 为自变量，其导数为 $(x)'=1$，故有 $y'=f'(x)$。

例 3 求函数 $y=\sin(3x)$ 的导数。

分析：外层为正弦函数 $\sin u$，其对应的中间变量为 $u=3x$，故先对 $\sin u$ 求导，得 $\cos u$，中间变量 $u=3x$ 不变，故得 $\cos 3x$，再乘以中间变量 $u=3x$ 的导数 $u'=(3x)'$。

解：$y'=[\sin(3x)]'=\cos(3x)\cdot(3x)'=\cos(3x)\cdot 3=3\cos(3x)$

例 4 求函数 $y=e^{x^2+3x}$ 的导数。

分析：外层为正弦函数 e^u，其对应的中间变量为 $u=x^2+3x$，故先对 e^u 求导，得 e^u，中间变量 $u=x^2+3x$ 不变，故得 e^{x^2+3x}，再乘以中间变量 $u=x^2+3x$ 的导数 $u'=(x^2+3x)'$。

解：$y'=(e^{x^2+3x})'=e^{x^2+3x}\cdot(x^2+3x)'=e^{x^2+3x}\cdot(2x+3)$

例 5 求函数 $y=e^{\sin 2x}$ 的导数。

分析：外层为正弦函数 e^u，其对应的中间变量为 $u=\sin 2x$，故先对 e^u 求导，得 e^u，中间变量 $u=\sin 2x$ 不变，故得 $e^{\sin 2x}$，再乘以中间变量 $u=\sin 2x$ 的导数 $u'=(\sin 2x)'$，此中间变量仍为复合函数，故重复以上步骤继续求导。

解：$y'=(e^{\sin 2x})'=e^{\sin 2x}\cdot(\sin 2x)'=e^{\sin 2x}\cdot\cos 2x\cdot(2x)'$

$$=e^{\sin 2x}\cdot\cos 2x\cdot 2=2e^{\sin 2x}\cdot\cos 2x$$

三、隐函数求导

已知由方程 $F(x,y)=0$ 确定的函数为 $y=f(x)$，如何求此函数的导数？此时，把 y 看成中间变量，使用复合函数求导法则即可。

例 6 求由方程式 $x^2+3xy+y^3=0$ 所确定的函数 $y=f(x)$ 的导数。

分析：把 y 看成中间变量，即 y 是一个关于 x 的式子 $y=f(x)$，运用复合函数求导法则，对方程的两边同时求导。

解：在方程两边同时求关于自变量 x 的导数，得

$$(x^2+3xy+y^3)'=(0)'$$

$$(x^2)'+(3xy)'+(y^3)'=0$$

$$2x+3(x)'y+3x(y)'+3y^2(y)'=0$$

$$2x+3y+3xy'+3y^2y'=0$$

$$(3x+3y^2)y'=-2x-3y$$

所以，$y'=-\dfrac{2x+3y}{3x+3y^2}$

例 7 求由方程式 $y=x^3+xe^y$ 所确定的函数 $y=f(x)$ 的导数。

解：在方程两边同时求关于自变量 x 的导数，得

$$y'=(x^3+xe^y)'$$
$$y'=(x^3)'+(xe^y)'$$
$$y'=3x^2+(x)'e^y+x(e^y)'$$
$$y'=3x^2+e^y+xe^y y'$$
$$(1-xe^y)y'=3x^2+e^y$$

所以，$y'=\dfrac{3x^2+e^y}{1-xe^y}$

四、对数求导法

形如 $y=u(x)^{v(x)}$ 的函数称为幂指函数，对于幂指函数，无法直接使用前面介绍的法则求导。对于此类函数，一般做法是先对函数两边取（自然）对数，然后在等式两边求关于自变量 x 的导数，最后解出导数 y'。

例 8 求函数 $y=x^{\sin x}(x>0)$ 的导数。

解：对式子两边取自然对数，得 $\ln y=\ln x^{\sin x}$，整理得 $\ln y=\sin x\ln x$，对此式两边求关于自变量 x 的导数，得

$$(\ln y)'=(\sin x\ln x)'$$
$$\frac{1}{y}y'=(\sin x)'\ln x+\sin x(\ln x)'$$
$$\frac{1}{y}y'=\cos x\ln x+\sin x\cdot\frac{1}{x}$$
$$y'=(\cos x\ln x+\sin x\cdot\frac{1}{x})\cdot y$$

所以，$y'=(\cos x\ln x+\sin x\cdot\dfrac{1}{x})\cdot x^{\sin x}$

例 9 求由方程式 $(\cos y)^x=(\sin x)^y$ 所确定的函数 $y=f(x)$ 的导数。

解：对式子两边取自然对数，$\ln(\cos y)^x=\ln(\sin x)^y$，整理得 $x\ln(\cos y)=y\ln(\sin x)$，对此式两边求关于自变量 x 的导数，得

$$[x\ln(\cos y)]'=[y\ln(\sin x)]'$$
$$(x)'\ln(\cos y)+x[\ln(\cos y)]'=(y)'\ln(\sin x)+y[\ln(\sin x)]'$$
$$\ln(\cos y)+x\frac{1}{\cos y}(\cos y)'=y'\ln(\sin x)+y\frac{1}{\sin x}(\sin x)'$$
$$\ln(\cos y)+x\cdot\frac{1}{\cos y}\cdot(-\sin y)\cdot y'=y'\ln(\sin x)+y\cdot\frac{1}{\sin x}\cdot\cos x$$
$$\ln(\cos y)-x\cdot\frac{\sin y}{\cos y}\cdot y'=y'\ln(\sin x)+y\cdot\frac{\cos x}{\sin x}$$
$$[\ln(\sin x)+x\cdot\frac{\sin y}{\cos y}]y'=\ln(\cos y)-y\cdot\frac{\cos x}{\sin x}$$

$$y'=\frac{\ln(\cos y)-y\cdot\dfrac{\cos x}{\sin x}}{\ln(\sin x)+x\cdot\dfrac{\sin y}{\cos y}}=\frac{\ln(\cos y)-y\cot x}{\ln(\sin x)+x\tan y}$$

小结：对于一些表达式是分式的函数，也常使用此方法来进行求导。

五、高阶导数

定义 2-2(高阶导数) 如果函数 $y=f(x)$ 的导数 $f'(x)$ 于对自变量 x 仍可导，即 $[f'(x)]'$ 存在，则称其为函数 $y=f(x)$ 的二阶导数，记作

$$f''(x)=[f'(x)]',$$

还可以记为 y'' 或 $\frac{d^2}{dx^2}f(x)$ 或 $\frac{d^2y}{dx^2}$。

一般地，函数 $y=f(x)$ 的 $n-1$ 阶导数再对自变量 x 求导，所得到的导数称为函数 $y=f(x)$ 的 n 阶导数，记作

$$f^{(n)}(x)=(f^{(n-1)}(x))',$$

其中，$n>1$ 且为整数，还可以记作

$$y^{(n)} 或 \frac{d^n}{dx^n}f(x) 或 \frac{d^ny}{dx^n}。$$

二阶及二阶以上的导数称为高阶导数。相对于高阶导数，把 $f'(x)$ 称为一阶导数，$f(x)$ 称为零阶导数。

显然，求高阶导数只需要利用基本求导公式及导数的运算法则，对函数逐阶求导。

例 10 已知函数 $y=2x^3-5x^2+3$，求二阶导数 y''。

解：$y'=(2x^3-5x^2+3)=6x^2-10x$，所以 $y''=(6x^2-10x)'=12x-10$。

【课堂练习 2-2】

1. 求下列函数的导数：

(1) $y=5x^3+3x-2\cos x$； (2) $y=\frac{1}{2x-3}$；

(3) $y=\frac{1}{5}x^5+\frac{5}{x^5}$； (4) $y=\sqrt{x^5}-2\sqrt{x}$。

2. 求下列函数的导数：

(1) $y=\cos(-3x)$； (2) $y=e^{x2-2x}$；

(3) $y=e^{\sqrt{x}}$； (4) $y=(1+3x)^{20}$。

3. 求由方程式 $x^2-xy+y^2=2$ 所确定的函数 $y=f(x)$ 的导数。

4. 求由方程式 $e^y+2xy-x^3=0$ 所确定的函数 $y=f(x)$ 的导数。

5. 求函数 $y=x^{\cos x}(x>0)$ 的导数。

6. 求函数 $y=\frac{(x+1)\sqrt{2x-1}}{(x+3)^2e^x}$ 的导数。

7. 已知函数 $y=3x^4-2x^3+x^2+3x-5$，求二阶导数 y''。

第三节　微分的概念及运算

一、微分的概念

在实际问题中，当自变量 x 有微小的改变量 Δx 时，相应的函数改变量 $\Delta y=f(x+\Delta x)-f(x)$ 可能会比较复杂，而根据实际情况，此时可能只要使用 Δy 的近似值就可以把问题简化并符合实际的要求，因此本节研究函数改变量 Δy 的近似值。

例 1　求正方形面积改变量的近似值，如图 2-3 所示。

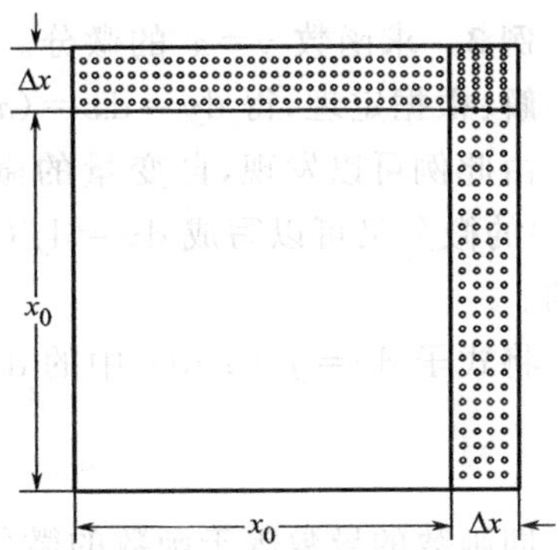

图 2-3

解：设正方形的边长为 x，则其面积为 $y=x^2$，

(1) 当边长 $x=x_0$ 时，其面积为 $y=x_0^2$；

(2) 当边长在 $x=x_0$ 的水平上有改变量 $\Delta x>0$ 时，其面积变为 $y=(x_0+\Delta x)^2$。

此时，相应的面积改变量为

$$\begin{aligned}\Delta y&=(x_0+\Delta x)^2-x_0^2\\&=x_0^2+2x_0\Delta x+\Delta x^2-x_0^2\\&=2x_0\Delta x+\Delta x^2\end{aligned}$$

此式由 $2x_0\Delta x$ 和 Δx^2 两项相加而得，其中第一项 $2x_0\Delta x$ 为 Δx 的线性函数，比较简单，而当 $\Delta x\to 0$ 时，Δx^2 是比 Δx 高阶的无穷小量，与 $2x_0\Delta x$ 相比，Δx^2 基本可以忽略不计（或者说在达到一定的精度要求下可以忽略不计），由此得 Δy 的近似值为 $\Delta y\approx 2x_0\Delta x$。

对所有函数 $y=f(x)$，当自变量的改变量为 Δx 时，函数的改变量 Δy 是否都能表示为一个关于 Δx 的线性函数与一个关于 Δx 的高阶无穷小量的和呢？为深入研究此问题，给出以下定义。

定义 2-3(微分)　已知函数 $y=f(x)$ 在点 x_0 及其左右有定义，自变量 x 在点 x_0 处的改变量为 Δx，相应的函数改变量 $\Delta y=f(x_0+\Delta x)-f(x_0)$，如果 Δy 可以表示为一个关于 Δx 的线性函数与一个关于 Δx 的高阶无穷小量的和，即

$$\Delta y=A\cdot\Delta x+o(\Delta x)\text{（其中 }A\text{ 是与 }\Delta x\text{ 无关的常数）}\tag{1}$$

则称函数 $y=f(x)$ 在点 x_0 处可微，并称 $A\cdot\Delta x$ 为函数 $y=f(x)$ 在点 x_0 处相应于自变量改变量 Δx 的微分，记作 $\mathrm{d}y$，即

$$\mathrm{d}y=A\cdot\Delta x\tag{2}$$

把定义 2-3 中的(2)式代入(1)式，可得函数改变量 Δy 与微分 $\mathrm{d}y$ 的关系：

$$\Delta y=\mathrm{d}y+o(\Delta x)$$

而当 $|\Delta x|$ 很小时，有 $\Delta y\approx\mathrm{d}y$，即微分 $\mathrm{d}y$ 为函数改变量 Δy 的一个近似值，其误差为关于 Δx 的一个高阶无穷小量 $o(\Delta x)$。

二、微分与导数的关系

定理 2-3 函数 $y=f(x)$在点 x_0 处可微的充分必要条件是函数 $y=f(x)$在点 x_0 处可导,并且微分与导数有以下关系:$dy=df(x)=f'(x)\Delta x$,即函数的微分等于函数的导数与自变量改变量的乘积。

由此定理,可得到求微分的方法:先计算出函数的导数,再与 Δx 相乘。

例 2 求函数 $y=x^2$ 当 $x=1,\Delta x=0.01$ 时的微分。

解:根据定理,得

$$dy=d(x^2)=(x^2)'\Delta x=2x\Delta x。$$

当 $x=1,\Delta x=0.01,dy=2\times1\times0.01=0.02$。

例 3 求函数 $y=x$ 的微分。

解:根据定理,得 $dy=dx=(x)'\Delta x=\Delta x$。

由此例可以发现,自变量的微分等于自变量的改变量,即 $dx=\Delta x$,所以,函数 $y=f(x)$的微分又可以写成 $dy=df(x)=f'(x)dx$,并且,后面讨论的微分指的都是此种形式的。

将式子 $dy=f'(x)dx$ 中的 dx 移到左边,得

$$\frac{dy}{dx}=f'(x),$$

即函数的导数等于函数的微分与自变量的微分的商,故导数又被称为微商。

三、微分的计算

根据微分与导数的关系 $dy=f'(x)dx$,函数的微分等于函数的导数乘以自变量的微分,因此,对应于基本初等函数导数公式、导数四则运算法则、复合函数求导等,微分有相应的公式与法则。

1. 基本初等函数的微分公式

(1) $d(c)=0$,其中 c 为常数

(2) $d(x^\alpha)=\alpha x^{\alpha-1}dx$,其中 α 为常数

(3) $d(a^x)=a^x\ln a\,dx,(a>0,a\neq1)$

(4) $d(e^x)=e^x dx$

(5) $d(\log_a x)=\frac{1}{x\ln a}dx,(a>0,a\neq1)$

(6) $d(\ln x)=\frac{1}{x}dx$

(7) $d(\sin x)=\cos x\,dx$

(8) $d(\cos x)=-\sin x\,dx$

(9) $d(\tan x)=\sec^2 x\,dx$

(10) $d(\cot x)=-\csc^2 x\,dx$

(11) $d(\arcsin x)=\frac{1}{\sqrt{1-x^2}}dx$

(12) $d(\arccos x)=-\frac{1}{\sqrt{1-x^2}}dx$

(13) $d(\arctan x)=\frac{1}{1+x^2}dx$

(14) $d(\text{arccot}x)=-\frac{1}{1+x^2}dx$

2. 微分的四则运算法则

(1) $d[u(x)\pm v(x)]=du(x)\pm dv(x)$

(2) $d[u(x)\cdot v(x)]=du(x)\cdot v(x)+u(x)\cdot dv(x)$

(3) $d[k\cdot u(x)]=k\cdot du(x)$，其中 k 为常数

(4) $d\left[\frac{u(x)}{v(x)}\right]=\frac{du(x)\cdot v(x)-u(x)\cdot dv(x)}{v^2(x)}$

3. 复合函数的微分

由复合函数 $y=f[\varphi(x)]$ 的求导公式 $y'=\{f[\varphi(x)]\}'=f'[\varphi(x)]\varphi'(x)$，可得到复合函数的微分公式：

$$dy=d\{f[\varphi(x)]\}=\{f[\varphi(x)]\}'dx=f'[\varphi(x)]\varphi'(x)dx。$$

记 $u=\varphi(x)$，则 $du=d\varphi(x)=\varphi'(x)dx$，逆写此式，有 $\varphi'(x)dx=d\varphi(x)=du$，故上式最右边可以写成

$$f'[\varphi(x)]\varphi'(x)dx=f'[\varphi(x)]d\varphi(x)=f'(u)du,$$

所以有 $dy=df(u)=f'(u)du$

此式与 $dy=df(x)=f'(x)dx$ 形式上完全相同，也就是说，无论是中间变量 u 还是自变量 x，都可采用这一形式相同的式子进行微分的计算，这一性质称为微分形式的不变性。

例 4　求下列函数的微分：

(1) $y=2^x-\sin 2x$；　　(2) $y=\sin(2x+1)$；

(3) $y=x\lg x$；　　(4) $y=e^{\cos x}$。

解：(1) $dy=d(2^x-\sin 2x)=(2^x-\sin 2x)'dx=(2^x\ln 2-2\cos 2x)dx$；

(2) $dy=d(\sin(2x+1))=(\sin(2x+1))'dx=\cos(2x+1)(2x+1)'dx$；
$=2\cos(2x+1)dx$；

(3) $dy=d(x\lg x)=(x\lg x)'dx=\left(\lg x+x\cdot\frac{1}{x\ln 10}\right)dx=\left(\lg x+\frac{1}{\ln 10}\right)dx$；

(4) $dy=d(e^{\cos x})=(e^{\cos x})'dx=e^{\cos x}(\cos x)'dx=-e^{\cos x}\sin x\,dx$。

【课堂练习 2-3】

1. 求函数 $y=x^2$ 当 $x=2$，$\Delta x=0.01$ 和 $\Delta x=0.02$ 时的微分。

2. 求下列函数的微分：

(1) $y=3^x-\cos 3x$；　　(2) $y=\cos(3x-2)$；

(3) $y=x^2\ln x$；　　(4) $y=\mathrm{e}^{\sin(x^2-2x-1)}$。

复习题二

一、填空题

1. 若 $y=\mathrm{e}^{2x}$，则 $y'=$______；$y''=$______。
2. 若函数 $y=\pi^2+x^7$，则 $y'(1)=$______；$y''(1)=$______。
3. 若函数 $y=\ln[\sin(x)]$，则 $\mathrm{d}y=$______。
4. 设函数 $y=\cos x+1$，则 $\lim\limits_{\Delta\to 0}\dfrac{f(x+\Delta x)-f(x)}{\Delta x}=$______。
5. 曲线 $y=x+\mathrm{e}^x$ 在点(0,1)处的切线方程是______。
6. 一物体的运动规律为 $s(t)=t^2+\dfrac{1}{t}+2$，则物体在时间 $t=1$ 时的瞬时速度为______。

二、选择题

1. 下列导数运算中，正确的是(　　)。

A. $(\mathrm{e}^2+x^2)'=2\mathrm{e}+2x$　　B. $(\sin 2x)'=\cos 2x$

C. $(\cos x)'\big|_{x=\frac{\pi}{2}}=-1$　　D. $\left(\ln\dfrac{1}{x}\right)'=x$

2. 设 $f(0)=0$，且 $\lim\limits_{x\to 0}\dfrac{f(x)}{x}$ 存在，则 $\lim\limits_{x\to 0}\dfrac{f(x)}{x}=$(　　)。

A. $f'(x)$　　B. $f'(0)$　　C. $f(0)$　　D. $\dfrac{1}{2}f'(0)$

3. 函数 $y=\mathrm{e}^{f(x)}$，则 $y''=$(　　)。

A. $\mathrm{e}^{f(x)}$　　B. $\mathrm{e}^{f(x)}f''(x)$

C. $\mathrm{e}^{f(x)}[f'(x)]^2$　　D. $\mathrm{e}^{f(x)}\{[f'(x)]^2+f''(x)\}$

4. 函数 $f(x)$在　$x=x_0$ 处连续，是 $f(x)$在 x_0 处可导的(　　)。

A. 充分不必要条件　　B. 必要不充分条件

C. 充分不必要条件　　D. 既不充分也不必要条件

5. 已知函数 $y=\ln x^2$，则 $\mathrm{d}y=$(　　)。

A. $\dfrac{2}{x}\mathrm{d}x$　　B. $\dfrac{2}{x}$　　C. $\dfrac{1}{x^2}$　　D. $\dfrac{1}{x^2}\mathrm{d}x$

6. 设曲线方程是 $y=\mathrm{e}^x\sin x$，则对应于横坐标为 0 的在该曲线上点的切线方程是(　　)。

A. $y=x$　　B. $y=-x$　　C. $y-1=x$　　D. $y-1=-x$

7. 设 $f(x)=\begin{cases} x\cos\dfrac{1}{x} & x<0 \\ 0 & x=0 \\ \dfrac{1}{x}\tan x^2 & x>0 \end{cases}$，则 $f(x)$在 $x=0$ 处(　　)。

A. 极限不存在　　B. 极限存在，但不连续

C. 连续但不可导　　D. 可导

三、求下列函数的导数

1. $y=x\cos x+\sin x$；　2. $y=\cos x^2$；　3. $y=\dfrac{\sin x}{1-\cos x}$。

4. $y=\ln\left(x+\sqrt{1+x^2}\right)$；　5. $y=\sin^2(2-3x)$；　6. $y=(x+1)\sqrt{3-4x}$。

四、求下列函数在指定点处的导数

1. 设 $f(x)=\dfrac{1}{x}-x$，求 $f'(1)$，$f'(-1)$，$f'(2)$；

2. 设 $f(x)=3\sin x-\cos x$，求 $f'(0)$，$f'\left(\dfrac{\pi}{2}\right)$，$f'(-\pi)$。

五、求下列函数的微分

1. $y=\sqrt{2-7x^2}$；　2. $y=\dfrac{x}{1-x^2}$　3. $y=\ln\sqrt{1-x^2}$。

六、求曲线 $y=\sin x$ 在点$\left(\dfrac{\pi}{6},\dfrac{1}{2}\right)$处的切线和法线方程。

七、曲线 $y=x+\dfrac{1}{x}$上哪些点的切线与直线 $3x+y=0$ 平行？

八、讨论分段函数 $f(x)=\begin{cases}x^2\sin\dfrac{1}{x}, & x\neq 0\\ 0 & x=0\end{cases}$在分界点 $x=0$ 处的可导性。

九、设函数 $f(x)=\begin{cases}x^2, & x\geqslant 0\\ x+1 & x<0\end{cases}$，讨论函数 $f(x)$在 $x=0$ 连续性与可导性。

十、某公司生产一种新型游戏程序，且收入函数 $R=36x-\dfrac{x^2}{20}$，其中 x 为公司的日产量。如果公司的日产量数从 250 增加到 260，请估算公司每天收入的增加量。

第三章 导数的应用

第一节 洛必达法则

在第一章中我们讨论了求未定式极限的一些方法，使用的方法是对代数式进行适当变形，转化之后利用极限运算法则或两个重要极限的公式进行计算。这种代数变形的方法不具有一般性，均需视具体问题而定。本节利用导数这一工具，给出计算未定式极限的一般方法。

一、洛必达法则

下面，对 $x \to x_0$ 时的 $\frac{0}{0}$ 型未定式极限给出洛必达法则这个具有一般性的计算方法，其他情形仅加以说明。

定理 3-1(洛必达法则) 若函数 $f(x)$ 和 $g(x)$ 满足：

(1) $\lim\limits_{x \to x_0} f(x)=0, \lim\limits_{x \to x_0} g(x)=0$；

(2) 在点 $x=x_0$ 的左右附近(不含 $x=x_0$ 点)，$f'(x)$ 与 $g'(x)$ 都存在且 $g'(x) \neq 0$；

(3) $\lim\limits_{x \to x_0} \frac{f'(x)}{g'(x)}$ 存在(或为无穷大)，

则 $\lim\limits_{x \to x_0} \frac{f(x)}{g(x)}=\lim\limits_{x \to x_0} \frac{f'(x)}{g'(x)}$。

注：(1) 若将定理中的(1)改为"$\lim\limits_{x \to x_0} f(x)=\infty, \lim\limits_{x \to x_0} g(x)=\infty$"，则计算的是 $\frac{\infty}{\infty}$ 型未定式极限；

(2) 此定理中自变量 x 的变化趋势可以换成 $x \to x_0^+$、$x \to x_0^-$、$x \to \infty$、$x \to +\infty$、$x \to -\infty$ 等，此时只需要对条件(2)进行相应的修改，即可得到同样的结论。

二、洛必达法则的应用

(一)应用洛必达法则计算 $\frac{0}{0}$ 型未定式极限。

例 1 求极限 $\lim\limits_{x \to 2} \frac{x^2-5x+6}{x^2-4}$。

解：此为 $\frac{0}{0}$ 型未定式极限，由洛必达法则，对分子分母求导，可得

$$\lim_{x \to 2} \frac{x^2-5x+6}{x^2-4}=\lim_{x \to 2} \frac{(x^2-5x+6)'}{(x^2-4)'}=\lim_{x \to 2} \frac{2x-5}{2x}=\frac{2\times2-5}{2\times2}=-\frac{1}{4}。$$

例 2 求极限$\lim\limits_{x\to5}\dfrac{\sqrt{x+4}-3}{\sqrt{x-1}-2}$。

解:此为$\dfrac{0}{0}$型未定式极限,由洛必达法则,对分子分母求导,可得

$$\lim_{x\to5}\frac{\sqrt{x+4}-3}{\sqrt{x-1}-2}=\lim_{x\to5}\frac{(\sqrt{x+4}-3)'}{(\sqrt{x-1}-2)'}=\lim_{x\to5}\frac{\dfrac{1}{2\sqrt{x+4}}}{\dfrac{1}{2\sqrt{x-1}}}$$

$$=\lim_{x\to5}\frac{\sqrt{x-1}}{\sqrt{x+4}}=\frac{\sqrt{5-1}}{\sqrt{5+4}}=\frac{2}{3}。$$

例 3 求极限$\lim\limits_{x\to3}\dfrac{\sin(x-3)}{x^2-7x+12}$。

解:此为$\dfrac{0}{0}$型未定式极限,由洛必达法则,对分子分母求导,可得

$$\lim_{x\to3}\frac{\sin(x-3)}{x^2-7x+12}=\lim_{x\to3}\frac{[\sin(x-3)]'}{[x^2-7x+12]'}=\lim_{x\to3}\frac{\cos(x-3)}{2x-7}$$

$$=\frac{\cos(3-3)}{2\times3-7}=-1。$$

例 4 求极限$\lim\limits_{x\to3}\dfrac{2^x-8}{x^2-9}$。

解:此为$\dfrac{0}{0}$型未定式极限,由洛必达法则,对分子分母求导,可得

$$\lim_{x\to3}\frac{2^x-8}{x^2-9}=\lim_{x\to3}\frac{(2^x-8)'}{(x^2-9)'}=\lim_{x\to3}\frac{2^x\ln2}{2x}=\frac{2^3\ln2}{2\times3}=\frac{4\ln2}{3}。$$

例 5 求极限$\lim\limits_{x\to0}\dfrac{\sin2x}{\sin3x}$。

解:此为$\dfrac{0}{0}$型未定式极限,由洛必达法则,对分子分母求导,可得

$$\lim_{x\to0}\frac{\sin2x}{\sin3x}=\lim_{x\to0}\frac{(\sin2x)'}{(\sin3x)'}=\lim_{x\to0}\frac{2\cos2x}{3\cos3x}=\frac{2\cos(2\times0)}{3\cos(3\times0)}=\frac{2}{3}。$$

例 6 求极限$\lim\limits_{x\to0}\dfrac{\arcsin x}{x+\sin2x}$。

解:此为$\dfrac{0}{0}$型未定式极限,由洛必达法则,对分子分母求导,可得

$$\lim_{x\to0}\frac{\arcsin x}{x+\sin2x}=\lim_{x\to0}\frac{(\arcsin x)'}{(x+\sin2x)'}=\lim_{x\to0}\frac{\dfrac{1}{\sqrt{1-x^2}}}{1+2\cos2x}$$

$$=\frac{\dfrac{1}{\sqrt{1-0^2}}}{1+2\cos(2\times0)}=\frac{1}{3}。$$

(二)对$\frac{0}{0}$型未定式极限运用洛必达法则求解过程中，如果得到的极限仍然是$\frac{0}{0}$型未定式极限，且同样满足洛必达法则的条件，则可继续运用洛必达法则进行求解。

例 7 求极限$\lim\limits_{x\to 1}\frac{x^3-4x^2+5x-2}{x^4+x^2-6x+4}$。

解：此为$\frac{0}{0}$型未定式极限，由洛必达法则，对分子分母求导，可得

$$\begin{aligned}\lim_{x\to 1}\frac{x^3-4x^2+5x-2}{x^4+x^2-6x+4}&=\lim_{x\to 1}\frac{(x^3-4x^2+5x-2)'}{(x^4+x^2-6x+4)'}=\lim_{x\to 1}\frac{3x^2-8x+5}{4x^3+2x-6}\\&=\lim_{x\to 1}\frac{(3x^2-8x+5)'}{(4x^3+2x-6)'}=\lim_{x\to 1}\frac{6x-8}{12x^2+2}\\&=\frac{6\times 1-8}{12\times 1^2+2}=-\frac{1}{7}。\end{aligned}$$

例 8 求极限$\lim\limits_{x\to 0}\frac{e^x-e^{-x}-2x}{x-\sin x}$。

解：此为$\frac{0}{0}$型未定式极限，由洛必达法则，对分子分母求导，可得

$$\begin{aligned}\lim_{x\to 0}\frac{e^x-e^{-x}-2x}{x-\sin x}&=\lim_{x\to 0}\frac{(e^x-e^{-x}-2x)'}{(x-\sin x)'}=\lim_{x\to 0}\frac{e^x+e^{-x}-2}{1-\cos x}\\&=\lim_{x\to 0}\frac{(e^x+e^{-x}-2)'}{(1-\cos x)'}=\lim_{x\to 0}\frac{e^x-e^{-x}}{\sin x}\\&=\lim_{x\to 0}\frac{(e^x-e^{-x})'}{(\sin x)'}=\lim_{x\to 0}\frac{e^x+e^{-x}}{\cos x}\\&=\frac{e^0+e^{-0}}{\cos 0}=2。\end{aligned}$$

例 9 求极限$\lim\limits_{x\to 0}\frac{\ln(1+x^2)}{e^x-x-1}$。

解：此为$\frac{0}{0}$型未定式极限，由洛必达法则，对分子分母求导，可得

$$\begin{aligned}\lim_{x\to 0}\frac{\ln(1+x^2)}{e^x-x-1}&=\lim_{x\to 0}\frac{[\ln(1+x^2)]'}{(e^x-x-1)'}=\lim_{x\to 0}\frac{\frac{2x}{1+x^2}}{e^x-1}=\lim_{x\to 0}\left(\frac{2x}{1+x^2}\cdot\frac{1}{e^x-1}\right)\\&=\lim_{x\to 0}\left(\frac{2}{1+x^2}\cdot\frac{x}{e^x-1}\right)=\lim_{x\to 0}\frac{2}{1+x^2}\cdot\lim_{x\to 0}\frac{x}{e^x-1}\\&=2\cdot\lim_{x\to 0}\frac{(x)'}{(e^x-1)'}=2\cdot\lim_{x\to 0}\frac{1}{e^x}=2\cdot\frac{1}{e^0}=2。\end{aligned}$$

(三)上面介绍的是$\frac{0}{0}$型未定式极限，下面介绍一些其他类型的未定式极限。

例 10 求极限$\lim\limits_{x\to +\infty}\frac{e^x}{x^2+x+1}$。

解：此为$\frac{\infty}{\infty}$型未定式极限，由洛必达法则，对分子分母求导，可得

$$\lim_{x\to+\infty}\frac{e^x}{x^2+x+1}=\lim_{x\to+\infty}\frac{(e^x)'}{(x^2+x+1)'}=\lim_{x\to+\infty}\frac{e^x}{2x+1}$$

$$=\lim_{x\to+\infty}\frac{(e^x)'}{(2x+1)'}=\lim_{x\to+\infty}\frac{e^x}{2}=+\infty。$$

例 11　求极限 $\lim\limits_{x\to+\infty}x\left(\frac{\pi}{2}-\arctan x\right)$。

解：此为 $0\cdot\infty$ 型未定式极限，先进行代数变形，转换成 $\frac{0}{0}$ 型未定式极限，再由洛必达法则，分别对分子分母求导，可得

$$\lim_{x\to+\infty}x\left(\frac{\pi}{2}-\arctan x\right)=\lim_{x\to+\infty}\frac{\frac{\pi}{2}-\arctan x}{\frac{1}{x}}=\lim_{x\to+\infty}\frac{\left(\frac{\pi}{2}-\arctan x\right)'}{\left(\frac{1}{x}\right)'}$$

$$=\lim_{x\to+\infty}\frac{-\frac{1}{1+x^2}}{-\frac{1}{x^2}}=\lim_{x\to+\infty}\frac{x^2}{1+x^2}$$

$$=\lim_{x\to+\infty}\frac{(x^2)'}{(1+x^2)'}=\lim_{x\to+\infty}\frac{2x}{2x}=1。$$

例 12　求极限 $\lim\limits_{x\to+\infty}xe^{-x}$。

解：此为 $0\cdot\infty$ 型未定式极限，先进行代数变形，转换成 $\frac{\infty}{\infty}$ 型未定式极限，再由洛必达法则，分别对分子分母求导，可得

$$\lim_{x\to+\infty}xe^{-x}=\lim_{x\to+\infty}\frac{x}{e^x}=\lim_{x\to+\infty}\frac{(x)'}{(e^x)'}=\lim_{x\to+\infty}\frac{1}{e^x}=0。$$

例 13　求极限 $\lim\limits_{x\to0}(\frac{1}{x}-\frac{1}{e^x-1})$。

解：此为 $(\infty-\infty)$ 型未定式极限，先进行代数变形，转换成 $\frac{0}{0}$ 型未定式极限，再由洛必达法则，分别对分子分母求导，可得

$$\lim_{x\to0}\left(\frac{1}{x}-\frac{1}{e^x-1}\right)=\lim_{x\to0}\frac{e^x-1-x}{x(e^x-1)}=\lim_{x\to0}\frac{(e^x-1-x)'}{[x(e^x-1)]'}=\lim_{x\to0}\frac{e^x-1}{e^x-1+xe^x}$$

$$=\lim_{x\to0}\frac{(e^x-1)'}{(e^x-1+xe^x)'}=\lim_{x\to0}\frac{e^x}{2e^x+xe^x}$$

$$=\lim_{x\to0}\frac{1}{2+x}=\frac{1}{2+0}=\frac{1}{2}。$$

【课堂练习 3-1】

1. 求极限 $\lim\limits_{x\to1}\frac{x^3-3x+2}{x^3-x^2-x+1}$。

2. 求极限 $\lim\limits_{x\to2}\frac{\sqrt{2x+5}-3}{\sqrt{x-1}-1}$。

3. 求极限$\lim\limits_{x\to2}\frac{\sin(x-2)}{x^2-5x+6}$。

4. 求极限$\lim\limits_{x\to2}\frac{3^x-9}{x^3-8}$。

5. 求极限$\lim\limits_{x\to0}\frac{\sin5x}{3x}$。

6. 求极限$\lim\limits_{x\to0}\frac{\arctan x}{x-\sin3x}$。

7. 求极限$\lim\limits_{x\to1}\frac{x^3-3x+2}{x^3-x^2-x+1}$。

8. 求极限$\lim\limits_{x\to1}\frac{2e^x-ex^2}{(x-1)^3}$。

9. 求极限$\lim\limits_{x\to0}\frac{\cos3x-\cos2x}{x^2}$。

10. 求极限$\lim\limits_{x\to+\infty}\frac{e^{2x}+2x}{2x^3+3x-1}$。

11. 求极限$\lim\limits_{x\to+\infty}x(e^{\frac{1}{x}}-1)$。

12. 求极限$\lim\limits_{x\to0}x^2e^{\frac{1}{x^2}}$。

13. 求极限$\lim\limits_{x\to0}(\frac{1}{x}-\frac{1}{\ln(x+1)})$。

第二节　函数的单调性与极值

在第一章中，介绍了函数的单调性、奇偶性和周期性等性质，但由于研究时使用的是初等数学方法，常需要借用某些特殊的技巧，不具有一般性。本节将以导数为工具，介绍判断函数单调性、凹凸性以及求函数最值的简便且具有一般性的方法。

一、函数的单调性

定理 3-2　设$y=f(x)$在$[a,b]$上连续，在(a,b)内可导，则

(1) 当在(a,b)内$f'(x)>0$时，$f(x)$在$[a,b]$上单调递增；

(2) 当在(a,b)内$f'(x)<0$时，$f(x)$在$[a,b]$上单调递减。

注：(1) 如果在区间$[a,b]$内导数$f'(x)$恒非负（或恒非正），且使得导数$f'(x)=0$的点仅是一些孤立的点，则区间$[a,b]$仍为可导函数$y=f(x)$的单调增区间（或单调减区间）；

(2) 定理中的闭区间换成其他区间（包括无穷区间），结论也同样成立。

由定理 3-2，函数的单调性可以通过一阶导数$f'(x)$的正负号进行判断，而正负号的分界点是零，所以，对于一阶导数为零的情况给出以下定义。

定义 3-1(驻点)　若可导函数$y=f(x)$在点x_0处的一阶导数$f'(x_0)=0$，则称点x_0为可导函数$y=f(x)$的驻点。

在讨论函数 $f(x)$ 单调性时，一般令一阶导数 $f'(x)=0$，求出驻点，用驻点把函数的定义域划分成若干个不同的区间，接下来在各个区间上讨论一阶导数的正负号，就可确定函数在相应区间上的单调性。

显然，$f'(x)=0$ 的前提条件是一阶导数存在，但在某些函数的定义域内会出现一阶导数不存在的点，对于此类点，同样需要用来与驻点一同划分定义域，方可进行相应的讨论。

例 1 讨论函数 $y=\mathrm{e}^x-x-1$ 的单调性。

解：函数 $y=\mathrm{e}^x-x-1$ 的定义域为 $(-\infty,+\infty)$，求一阶导数，得

$$y'=\mathrm{e}^x-1。$$

令 $\mathrm{e}^x-1=0$，解得 $x=0$，为驻点，用驻点 $x=0$ 将函数定义域 $(-\infty,+\infty)$ 划分为两个区间 $(-\infty,0)$ 和 $(0,+\infty)$，讨论得

(1) 当 $x\in(-\infty,0)$ 时，$y'<0$，故函数 $y=\mathrm{e}^x-x-1$ 在区间 $(-\infty,0]$ 内单调递减；

(2) 当 $x\in(0,+\infty)$ 时，$y'>0$，故函数 $y=\mathrm{e}^x-x-1$ 在区间 $[0,+\infty)$ 内单调递增。

例 2 讨论函数 $y=\sqrt[3]{x^2}$ 的单调性。

解：函数 $y=\sqrt[3]{x^2}$ 的定义域为 $(-\infty,+\infty)$，求一阶导数，得

$$y'=\frac{2}{3\sqrt[3]{x}},(x\neq 0)。$$

令 $\frac{2}{3\sqrt[3]{x}}=0$，方程无解；但 $x=0$ 为定义域内的点，此时一阶导数不存在。故用点 $x=0$ 将函数定义域 $(-\infty,+\infty)$ 划分为两个区间 $(-\infty,0)$ 和 $(0,+\infty)$，讨论得

(1) 当 $x\in(-\infty,0)$ 时，$y'<0$，故函数 $y=\sqrt[3]{x^2}$ 在区间 $(-\infty,0]$ 内单调递减；

(2) 当 $x\in(0,+\infty)$ 时，$y'>0$，故函数 $y=\sqrt[3]{x^2}$ 在区间 $[0,+\infty)$ 内单调递增。

例 3 讨论函数 $f(x)=2x^3-9x^2+12x-3$ 的单调性。

解：函数 $f(x)=2x^3-9x^2+12x-3$ 的定义域为 $(-\infty,+\infty)$，求一阶导数，得

$$f'(x)=(2x^3-9x^2+12x-3)'=6x^2-18x+12=6(x-1)(x-2)。$$

令 $f'(x)=6(x-1)(x-2)=0$，解得 $x=1$ 或 $x=2$，为驻点，用驻点 $x=1$ 和 $x=2$ 将函数定义域 $(-\infty,+\infty)$ 划分为三个区间 $(-\infty,1)$、$(1,2)$ 和 $(2,+\infty)$，讨论得

(1) 当 $x\in(-\infty,1)$ 时，$f'(x)>0$，故函数 $f(x)=2x^3-9x^2+12x-3$ 在区间 $(-\infty,1)$ 内单调递增；

(2) 当 $x\in(1,2)$ 时，$f'(x)<0$，故函数 $f(x)=2x^3-9x^2+12x-3$ 在区间 $(1,2)$ 内单调递减；

(3) 当 $x\in(2,+\infty)$ 时，$f'(x)>0$，故函数 $f(x)=2x^3-9x^2+12x-3$ 在区间 $(2,+\infty)$ 内单调递增。

例 4 讨论函数 $f(x)=x^3-\frac{1}{x}$ 的单调性。

解：函数 $f(x)=x^3-\frac{1}{x}$ 的定义域为 $(-\infty,0)\cup(0,+\infty)$，求一阶导数，得

$$f'(x)=\left(x^3-\frac{1}{x}\right)'=3x^2+\frac{1}{x^2}=\frac{3x^4+1}{x^2}$$

由于 $f'(x)=\frac{3x^4+1}{x^2}>0$，故函数 $f(x)=x^3-\frac{1}{x}$ 在两个区间 $(-\infty,0)$ 和 $(0,+\infty)$ 内都是单调递增的。

二、函数的极值

定义 3-2(极值点与极值) 设函数 $f(x)$ 在区间 (a,b) 内有定义，x_0 是 (a,b) 内的一个点，如果对于点 x_0 近旁的任意点 $x\in(a,b)(x\neq x_0)$，$f(x)<f(x_0)$ 恒成立，那么就说 $f(x_0)$ 是函数 $f(x)$ 的一个极大值，点 x_0 叫作函数 $f(x)$ 的一个极大值点；如果对于点 x_0 近旁的任意点 $x\in(a,b)(x\neq x_0)$，$f(x)>f(x_0)$ 恒成立，那么就说 $f(x_0)$ 是函数 $f(x)$ 的一个极小值，点 x_0 叫作函数 $f(x)$ 的一个极小值点。

函数的极大值与极小值统称为极值，函数的极大值点与极小值点统称为极值点。

极值是一个局部性的概念，它只是对极值点左右很小范围内的函数值进行比较而得到的。极值点只能是给定区间内部的点，不能是给定区间的端点，显然，单调函数无极值点和极值。

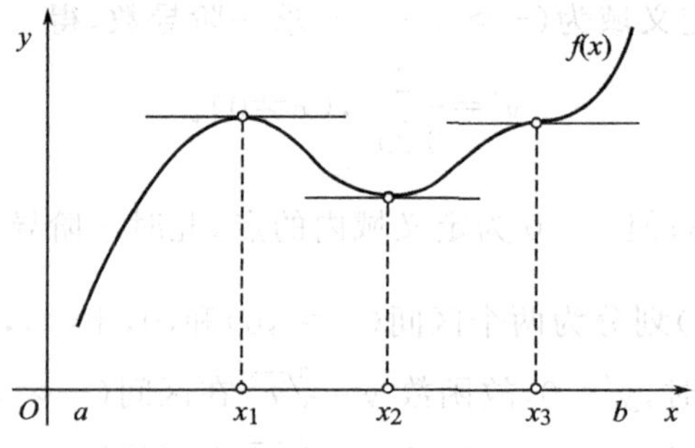

图 3-1

观察图 3-1，可导函数 $y=f(x)$ 在开区间 (a,b) 内有极大值点 x_1 和极小值点 x_2，函数 $y=f(x)$ 的曲线在此两点处的切线均平行于 x 轴，因此其切线斜率均为零，所以有 $f'(x_1)=0$ 和 $f'(x_2)=0$，即点 x_1 和 x_2 为函数 $y=f(x)$ 的驻点，说明可导函数的极值点必定是驻点。但可导函数的驻点是否必定为极值点呢？可导函数 $y=f(x)$ 在点 x_3 处的切线也平行于 x 轴，因此其切线斜率也为零，所以有 $f'(x_3)=0$，即点 x_3 也为函数 $y=f(x)$ 的驻点，但易见 x_3 并不是函数 $y=f(x)$ 的极值点。

由此，可得结论：可导函数 $y=f(x)$ 的极值点必定是驻点，但驻点并不一定是极值点。

那么，什么情形下驻点是极值点？什么情形下驻点不是极值点呢？

观察图 3-1，可以发现：可导函数 $y=f(x)$ 在驻点 x_1 左右两侧的单调性并不一致，即函数在 x_1 左边是递增的，在 x_1 右边是递减的；类似，可导函数 $y=f(x)$ 在驻点 x_2 左右两侧的单调性也并不一致，即函数在 x_2 左边是递减的，在 x_2 右边是递增的；而可导函数 $y=f(x)$ 在驻点 x_3 左右两侧的单调性是一致的，即函数在 x_3 的两侧都是递增的。

由此可以发现，可导函数的驻点是否为极值点，与函数在相应驻点左右两侧的单调性有关，也就是与函数的一阶导数在相应驻点左右两侧的正负号有关。一般，有以下定理。

定理 3-3(判断极值的第一充分条件)　设函数 $f(x)$ 在点 x_0 的左右两侧附近可导，若

(1) 当 $x<x_0$ 时，$f'(x)<0$，当 $x>x_0$ 时，$f'(x)>0$，则 $f(x_0)$ 为 $f(x)$ 的极小值；

(2) 当 $x<x_0$ 时，$f'(x)>0$，当 $x>x_0$ 时，$f'(x)<0$，则 $f(x_0)$ 为 $f(x)$ 的极大值；

(3) 当 $x<x_0$ 时和当 $x>x_0$ 时，$f'(x)$ 有相同符号，则 $f(x_0)$ 不是 $f(x)$ 的极值。

由此定理并综合以上的讨论，求可导函数 $y=f(x)$ 的单调区间与极值的步骤如下：

(1) 确定可导函数 $y=f(x)$ 的定义域；

(2) 求函数 $y=f(x)$ 的一阶导数 $f'(x)$；

(3) 在定义区间内，若一阶导数 $f'(x)$ 恒非负(或恒非正)，则可导函数 $y=f(x)$ 的单调递增(或递减)区间为其定义域，此时无极值；否则，令 $f'(x)=0$，求出可导函数 $y=f(x)$ 的驻点，并考虑其不可导点，接着进入下一步；

(4) 利用可导函数 $y=f(x)$ 的驻点和不可导点，将定义域划分为若干个开区间，列表讨论 $f'(x)$ 在各个开区间内的正负号，确定可导函数 $y=f(x)$ 的单调区间和极值点，计算函数在极值点处的函数值，即为极值。

例 5　讨论函数 $f(x)=x-\sin x$ 的单调区间与极值。

解：函数的定义域为 $(-\infty,+\infty)$，求一阶导数，得

$$f'(x)=(x-\sin x)'=1-\cos x,$$

由于 $1-\cos x\geqslant 0$，即 $f'(x)\geqslant 0$，说明一阶导数 $f'(x)$ 在定义域 $(-\infty,+\infty)$ 内恒非负，所以函数 $f(x)=x-\sin x$ 的单调递增区间为定义域 $(-\infty,+\infty)$，此时不存在极值。

例 6　讨论函数 $f(x)=x^2-2x+3$ 的单调区间与极值。

解：函数的定义域为 $(-\infty,+\infty)$，求一阶导数，得

$$f'(x)=(x^2-2x+3)'=2x-2,$$

令 $f'(x)=2x-2=0$，解得 $x=1$，为驻点。

利用驻点 $x=1$ 划分定义域 $(-\infty,+\infty)$，列表讨论，得：

x	$(-\infty,1)$	1	$(1,+\infty)$
$f'(x)$	$-$	0	$+$
$f(x)$	↘	极小值 2	↗

所以，函数 $f(x)=x^2-2x+3$ 的单调增区间为 $(1,+\infty)$，单调减区间为 $(-\infty,1)$；当 $x=1$ 时，有极小值 $f(1)=2$。

例 7　求函数 $f(x)=x-\dfrac{3}{2}\sqrt[3]{x^2}$ 的单调区间与极值。

解：函数的定义域为 $(-\infty,+\infty)$，求一阶导数，得

$$f'(x)=\left(x-\frac{3}{2}\sqrt[3]{x^2}\right)'=1-\frac{1}{\sqrt[3]{x}},$$

令 $f'(x)=1-\dfrac{1}{\sqrt[3]{x}}=0$，解得 $x=1$，为驻点。

又由于一阶导数 $f'(x)$ 在点 $x=0$ 处无意义，而 $x=0$ 为定义域内的点，说明 $x=0$ 为函数 $f(x)$ 的不可导点。

利用驻点 $x=1$ 和不可导点 $x=0$ 划分定义域 $(-\infty,+\infty)$，列表讨论，得：

x	$(-\infty,0)$	0	$(0,1)$	1	$(1,+\infty)$
$f'(x)$	+	不存在	−	0	+
$f(x)$	↗	极大值 0	↘	极小值 $-\frac{1}{2}$	↗

所以，函数 $f(x)=x-\frac{3}{2}\sqrt[3]{x^2}$ 的单调增区间为 $(-\infty,0)$ 和 $(1,+\infty)$，单调减区间为 $(0,1)$；当 $x=0$ 时，有极大值 $f(0)=0$；当 $x=1$ 时，有极小值 $f(1)=-\frac{1}{2}$。

例 8 求函数 $f(x)=\frac{1}{3}x^3-x^2-3x+3$ 的极值。

解：函数的定义域为 $(-\infty,+\infty)$，求一阶导数，得

$$f'(x)=(\frac{1}{3}x^3-x^2-3x+3)'=x^2-2x-3,$$

令 $f'(x)=x^2-2x-3=0$，解得 $x=-1$ 或 $x=3$，为驻点。

利用驻点 $x=-1$ 和 $x=3$ 划分定义域 $(-\infty,+\infty)$，列表讨论，得

x	$(-\infty,-1)$	-1	$(-1,3)$	3	$(3,+\infty)$
$f'(x)$	+	0	−	0	+
$f(x)$	↗	极大值 $\frac{14}{3}$	↘	极小值 -6	↗

所以，对于函数 $f(x)=\frac{1}{3}x^3-x^2-3x+3$，当 $x=-1$ 时，有极大值 $f(-1)=\frac{14}{3}$；当 $x=3$ 时，有极小值 $f(3)=-6$。

若仅是求函数的极值，并且可导函数 $y=f(x)$ 在驻点处的二阶导数存在且不为零，也可利用下面的定理来判断驻点处取得的是极大值还是极小值。

定理 3-4（判断极值的第二充分条件） 设 $y=f(x)$ 在点 x_0 具有二阶导数，且一阶导数 $f'(x_0)=0$，则

(1) 当 $f''(x_0)>0$ 时，$f(x_0)$ 为极小值；

(2) 当 $f''(x_0)<0$ 时，$f(x_0)$ 为极大值。

例 9 求函数 $f(x)=x^2e^{-x}$ 的极值。

解：函数的定义域为 $(-\infty,+\infty)$，求一阶导数，得

$$f'(x)=(x^2e^{-x})'=(x^2)'e^{-x}+x^2(e^{-x})'=2xe^{-x}-x^2e^{-x}=(2x-x^2)e^{-x}。$$

令 $f'(x)=(2x-x^2)e^{-x}=0$，解得 $x=0$ 或 $x=2$，为驻点；

求二阶导数，得

$$\begin{aligned}f''(x)&=[(2x-x^2)e^{-x}]'=(2x-x^2)'e^{-x}+(2x-x^2)(e^{-x})'\\&=(2-2x)e^{-x}-(2x-x^2)e^{-x}=(2-4x+x^2)e^{-x}\end{aligned}$$

把上面求得的驻点代入，分别得

$f''(0)=2>0$，所以，$x=0$ 为极小值点，此时极小值 $f(0)=0^2e^{-0}=0$；

$f''(2)=-2e^{-2}<0$，所以，$x=2$ 为极大值点，此时极大值 $f(2)=2^2e^{-2}=4e^{-2}$。

例 10　求函数 $f(x)=x^2(x-2)^2$ 的极值。

解：函数的定义域为$(-\infty,+\infty)$，求一阶导数，得

$$f'(x)=[x^2(x-2)^2]'=(x^2)'(x-2)^2+x^2[(x-2)^2]'$$
$$=2x(x-2)^2+x^2\cdot 2(x-2)=2x(x-2)(2x-2);$$

令 $f'(x)=2x(x-2)(2x-2)=0$，解得 $x=0$，$x=1$ 或 $x=2$，为驻点；

求二阶导数，得

$$f''(x)=[2x(x-2)(2x-2)]'=(4x^3-12x^2+8x)'=12x^2-24x+8.$$

把上面求得的驻点代入，分别得

$f''(0)=8>0$，所以，$x=0$ 为极小值点，此时极小值 $f(0)=0$；

$f''(1)=-4<0$，所以，$x=1$ 为极大值点，此时极大值 $f(1)=1$；

$f''(2)=8>0$，所以，$x=2$ 为极小值点，此时极小值 $f(2)=0$。

【课堂练习 3-2】

1. 讨论函数 $y=2x+\dfrac{8}{x}(x>0)$ 的单调性。
2. 讨论函数 $y=\dfrac{2}{3}x-\sqrt[3]{x^2}$ 的单调性。
3. 讨论函数 $f(x)=\dfrac{1}{3}x^3-\dfrac{1}{2}x^2-6x+2$ 的单调性。
4. 讨论函数 $f(x)=3x^5-\dfrac{2}{x}$ 的单调性。
5. 讨论函数 $f(x)=2x-\cos 2x$ 的单调区间与极值。
6. 讨论函数 $f(x)=x^2+3x-1$ 的单调区间与极值。
7. 求函数 $f(x)=x(1+\sqrt{x})$ 的单调区间与极值。
8. 求函数 $f(x)=\dfrac{2}{3}x^3-\dfrac{3}{2}x^2-5x-1$ 的极值。
9. 求函数 $f(x)=ex-e^x$ 的极值。
10. 求函数 $f(x)=e^x(x^2-3)$ 的极值。

第三节　函数的最值及应用

根据连续函数在闭区间上的性质，若函数 $y=f(x)$ 在闭区间$[a,b]$上连续，则函数 $y=f(x)$ 在闭区间$[a,b]$上一定存在最大值与最小值。

结合前面的讨论，若函数 $y=f(x)$ 的最值点 x_0 在区间(a,b)内取得，则 x_0 必定是 $y=f(x)$ 的极值点。所以，求函数 $y=f(x)$ 的最值时，只要比较函数 $y=f(x)$ 在所有极值点处的函数值和两个端点处的函数值，就可以确定函数 $y=f(x)$ 在闭区间$[a,b]$上的最大值与最小值。

例 1 求函数 $f(x)=\sqrt{x^3}-3\sqrt{x}$ 在闭区间[0,4]上的最值。

解:对 $f(x)=\sqrt{x^3}-3\sqrt{x}$ 求一阶导数,得

$$f'(x)=(\sqrt{x^3}-3\sqrt{x})'=\frac{3}{2}\sqrt{x}-\frac{3}{2\sqrt{x}}=\frac{3}{2\sqrt{x}}(x-1);$$

令 $f'(x)=\frac{3}{2\sqrt{x}}(x-1)=0$,解得驻点 $x=1$,另有不可导点 $x=0$ 为区间端点。

计算函数在驻点和区间端点的函数值,得

$$f(1)=-2,f(0)=0,f(4)=2,$$

比较此三个值,得知:函数 $f(x)=\sqrt{x^3}-3\sqrt{x}$ 在闭区间[0,4]上的最大值是 $f(4)=2$,最小值是 $f(1)=-2$。

例 2 求函数 $f(x)=x^4-8x^2+3$ 在闭区间[−1,3]上的最值。

解:对 $f(x)=x^4-8x^2+3$ 求一阶导数,得

$$f'(x)=(x^4-8x^2+3)'=4x^3-16x=4x(x^2-4);$$

令 $f'(x)=4x(x^2-4)=0$,解得驻点 $x=0,x=2,x=-2$(不在[−1,3]内,舍去)。

计算函数在驻点和区间端点的函数值,得

$$f(0)=3,f(2)=-13,f(-1)=-4,f(3)=12;$$

比较此四个值,得知:

函数 $f(x)=x^4-8x^2+3$ 在闭区间[−1,3]上的最大值是 $f(3)=12$,最小值是 $f(2)=-13$。

另外,在求最值时,常用到以下结论:

(1) 若 $f(x)$在区间 I 内有唯一极值点,且为极大值点,那么它就是最大值点;

(2) 若 $f(x)$在区间 I 内有唯一极值点,且为极小值点,那么它就是最小值点。

例 3 求函数 $f(x)=(1-x)e^x$ 在定义域内的最值。

解:函数 $f(x)=(1-x)e^x$ 的定义域为$(-\infty,+\infty)$,

求一阶导数,得

$$f'(x)=[(1-x)e^x]'=(1-x)'e^x+(1-x)(e^x)'=-e^x+(1-x)e^x=-xe^x;$$

令 $-xe^x=0$,解得 $x=0$,为唯一驻点,故求二阶导数,得

$$f''(x)=(-xe^x)'=(-x)'e^x+(-x)(e^x)'=-e^x-xe^x=-(1+x)e^x,$$

进一步得,$f''(0)=-(1+0)e^0=-1<0$,

所以,函数 $f(x)=(1-x)e^x$ 在定义域内有极大值点 $x=0$,为唯一的极值点,故为最大值点,此时最大值为 $f(0)=(1-0)e^0=1$。

例 4 某城市现有从事第二产业人员 100 万人,平均每人每年创造产值 a 万元,现在决定从中分流 x 万人去加强第三产业,分流后,继续从事第二产业的人员平均每人每年创造产值可增加 $2x\%(0<x<100)$,而分流去从事第三产业的人员,平均每人每年可创造产值 $1.2a$ 万元,在保证第二产业的总产值不减少的情况下,分流出多少人,才能使该市第二、第三产业的总产值增加最多?

分析:(1) 该市一年的相关总产值应等于第二、第三产业的总产值;

(2) 分流前 100 万人创造的总产值为 $100a$ 亿元;

(3) 分流出 x 万人后,继续从事第二产业的人员创造的总产值为$(100-x)(1+2x\%)$

a 亿元；

(4) 分流出 x 万人从事第三产业其总产值为 $1.2ax$ 亿元；

(5) 在保证第二产业总产值不减少的情况下，转化为数学语言：

$(100-x)(1+2x\%)a \geqslant 100a$

由以上的讨论知道，这是一个求函数最值的实际问题。

解：(1)列出函数表达式。设该市分流后第二、第三产业的总产值比分流前单一第二产业的总产值增加 $f(x)$ 亿元，根据题意，得

$$\begin{aligned} f(x) &= (100-x)(1+2x\%)a + 1.2ax - 100a \\ &= (100-x)(1+0.02x)a + 1.2ax - 100a \\ &= -0.02ax^2 + 2.2ax \end{aligned}$$

此为实际应用中的函数，其定义域满足：$(100-x)(1+2x\%)a \geqslant 100a$ 且 $x>0$，即 $0<x\leqslant 50$；

(2) 求最值。对 $f(x)$ 求一阶导数，得

$$f'(x) = (-0.02ax^2 + 2.2ax)' = -0.04ax + 2.2a。$$

令 $f'(x) = -0.04ax + 2.2a = 0$，解得 $x = 55 \notin (0,50]$。

说明函数 $f(x) = -0.02ax^2 + 2.2ax$，在 $(0,50]$ 内没有驻点，

所以，当 $x=50$ 时，函数有最大值 $f(50) = -0.02\times a\times 50^2 + 2.2\times a\times 50 = 60a$。

故在保证第二产业的总产值不减少的情况下，分流出 50 万人，才能使该市第二、第三产业的总产值增加最多。

【课堂练习 3-3】

1. 求函数 $f(x) = x + 2\sqrt{x}$ 在闭区间 $[0,4]$ 上的最值。
2. 求函数 $f(x) = x^3 - 6x^2 + 2$ 在闭区间 $[-1,7]$ 上的最值。
3. 求函数 $f(x) = \ln x + \dfrac{2}{x}$ 在定义域内的最值。
4. 某公司有 50 套房子要出租，当月租金为每套 180 元时，可全部租出去；当月租金每增加 10 元时，就有一套租不出去，而公司对租出去的房子每月需要花维护费 20 元。问月租金定为多少时公司可获得最大收入？

第四节　函数的凹凸性与拐点

前面章节讨论的函数单调性反映了函数曲线从左向右上升或下降的情况，但上升或下降时曲线的弯曲情况如何呢？本节将对此进行讨论。

一、函数的凹凸性

观察图 3-2，可以发现，函数曲线 $y=f(x)$ 在开区间 (a,c) 内从左向右逐步向上弯曲（曲线开口向上），过曲线 AC 上任意点作切线 l_1，这时切线 l_1 位于曲线 AC 的下方；而函数曲线 $y=f(x)$ 在开区间 (c,b) 内从左向右逐步向下弯曲（曲线开口向下），过曲线 CB 上任意点作切线 l_2，这时切线 l_2 位于曲线 CB 的上方。

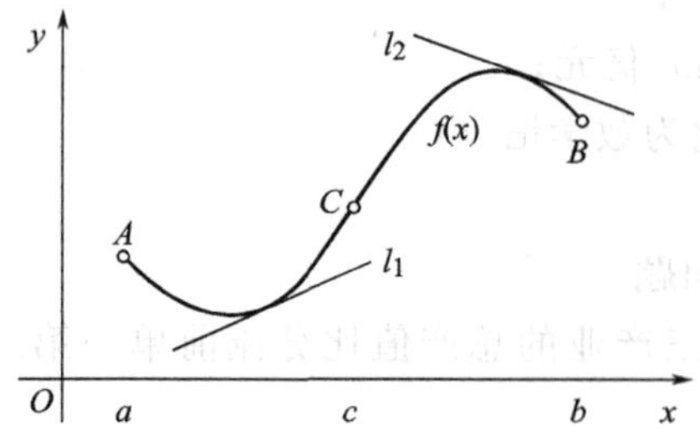

图 3-2

对于以上情况，给出以下定义。

定义 3-3（函数的凹凸性） 设函数 $y=f(x)$ 在某区间 I 上连续，如果在区间 I 内函数曲线 $y=f(x)$ 位于其上任意一点的切线的上方，则称曲线 $y=f(x)$ 在这个区间上是凹的，区间 I 称为函数 $y=f(x)$ 的凹区间；如果在区间 I 内函数曲线 $y=f(x)$ 位于其上任意一点的切线的下方，则称曲线 $y=f(x)$ 在这个区间上是凸的，区间 I 称为函数 $y=f(x)$ 的凸区间。

从图形上看，当函数 $y=f(x)$ 在区间 I 上是凹函数，自变量 x 从左向右变化时（即 x 增大），对应点的切线也随着变化，此时切线的斜率是逐渐增大的，即导数 $f'(x)$ 是单调增加函数；而当函数 $y=f(x)$ 在区间 I 上是凸函数，自变量 x 从左向右变化时（即 x 增大），对应点的切线也随着变化，但此时切线的斜率是逐渐减小的，即导数 $f'(x)$ 是单调减少函数。

由函数单调性与导数的关系，可以得到判断函数凹凸性的定理。

定理 3-5（凹凸性的判定） 设 $y=f(x)$ 在区间 $[a,b]$ 上连续，在 (a,b) 内具有一阶和二阶导数，则

(1) 在 (a,b) 内，若 $f''(x)>0$，则 $y=f(x)$ 是 $[a,b]$ 上的凹函数；

(2) 在 (a,b) 内，若 $f''(x)<0$，则 $y=f(x)$ 是 $[a,b]$ 上的凸函数。

由此得知，判断函数的凹凸性主要在于确定其在相应区间上二阶导数 $f''(x)$ 的正负号，而正负号的分界点是零，故判断函数的凹凸性时，先求出使得 $f''(x)=0$ 成立的点 x，再用求得的点 x 划分定义域，然后在各个区间讨论 $f''(x)$ 的正负号即可。

例 1 讨论函数曲线 $f(x)=x^3-3x$ 的凹凸性。

解：函数 $f(x)=x^3-3x$ 的定义域为 $(-\infty,+\infty)$，计算函数的一阶、二阶导数，得

$f'(x)=3x^2-3$，

$f''(x)=6x$。

令 $6x=0$，解得 $x=0$，用点 $x=0$ 将定义域 $(-\infty,+\infty)$ 划分为 $(-\infty,0)$ 和 $(0,+\infty)$，讨论得：

(1) 当 $x\in(-\infty,0)$ 时，$f''(x)=6x<0$，故 $f(x)=x^3-3x$ 在 $(-\infty,0)$ 内是凸的；

(2) 当 $x\in(0,+\infty)$ 时，$f''(x)=6x>0$，故 $f(x)=x^3-3x$ 在 $(0,+\infty)$ 内是凹的。

例 2 讨论函数曲线 $f(x)=\dfrac{1}{x}$ 的凹凸性。

解：函数 $f(x)=\dfrac{1}{x}$ 的定义域为 $(-\infty,0)\cup(0,+\infty)$，计算函数的一阶、二阶导数，得

$f'(x)=-\dfrac{1}{x^2}$，

$f''(x)=\dfrac{2}{x^3}$。

令 $\dfrac{2}{x^3}=0$，无解，故只需在原定义域区间 $(-\infty,0)$ 和 $(0,+\infty)$ 内分别进行讨论，得

(1) 当 $x \in (-\infty,0)$ 时，$f''(x)=\frac{2}{x^3}<0$，故 $f(x)=\frac{1}{x}$ 在 $(-\infty,0)$ 内是凸的；

(2) 当 $x \in (0,+\infty)$ 时，$f''(x)=\frac{2}{x^3}>0$，故 $f(x)=\frac{1}{x}$ 在 $(0,+\infty)$ 内是凹的。

二、函数曲线的拐点

在研究函数曲线的凹凸性时，常需要进一步研究函数曲线由凸变凹(或由凹变凸)处的分界点，一般地，有如下定义。

定义 3-4(拐点)　连续函数曲线上由凸变凹(或由凹变凸)处的分界点称为函数曲线的拐点。

注：函数曲线的拐点指的是曲线上的一个点 (x,y)，含有横坐标 x 与纵坐标 y，而不仅仅是自变量 x 的值。

根据前面的凹凸性判定定理 3-5，二阶导数 $f''(x)$ 的符号是判断曲线凹凸性的依据。因此，若二阶导数 $f''(x)$ 在点 x_0 的左右两侧附近异号，则点 $(x_0,f(x_0))$ 就是曲线的一个拐点，所以，要寻找拐点，只要找出使得 $f''(x)$ 在其左右两侧异号的点 x_0 即可。所以，如果函数 $y=f(x)$ 在区间 (a,b) 内具有二阶连续导数，则在这样的点 x_0 处必有 $f''(x_0)=0$；如果函数的二阶导数不存在，但仍是定义域内的点，也有可能使得 $f''(x)$ 在其左右两侧异号，此类点也应列入考虑的范围。

综上所述，可以得到判定曲线凹凸性与求曲线拐点的步骤如下：

(1) 确定函数 $y=f(x)$ 的定义域；

(2) 求函数 $y=f(x)$ 的一阶导数 $f'(x)$、二阶导数 $f''(x)$；

(3) 在定义区间内，若二阶导数 $f''(x)$ 恒非负(或恒非正)，则函数曲线 $y=f(x)$ 的凹(凸)区间为其定义域，此时无拐点；否则，令二阶导数 $f''(x)=0$，求出方程的解，并求出所有使二阶导数不存在的点；

(4) 利用上一步中求得的点，将定义域划分为若干个开区间，列表判断 $f''(x)$ 在各个开区间内的正负号，确定函数曲线 $y=f(x)$ 的凹凸区间和拐点(计算出其横坐标和纵坐标)。列表时使用符号 $\cup$ 表示凹区间，使用符号 $\cap$ 表示凸区间。

例 3　求函数曲线 $f(x)=x+\ln x$ 的凹凸区间与拐点。

解：函数的定义域为 $(0,+\infty)$，计算一阶导数和二阶导数得

$$f'(x)=1+\frac{1}{x},$$

$$f''(x)=-\frac{1}{x^2}。$$

由于 $f''(x)=-\frac{1}{x^2}<0$，

即函数的二阶导数 $f''(x)$ 在定义域 $(0,+\infty)$ 内恒为负，所以函数曲线 $f(x)=x+\ln x$ 只有凸区间为 $(0,+\infty)$，此时无拐点。

例 4　求函数曲线 $f(x)=x^3-3x^2-9x+4$ 的凹凸区间与拐点。

解：函数的定义域为 $(-\infty,+\infty)$，计算一阶导数和二阶导数得

$$f'(x)=3x^2-6x-9,$$

$f''(x)=6x-6$。

令 $6x-6=0$,解得 $x=1$。

利用 $x=1$ 把定义域 $(-\infty,+\infty)$ 划分为 $(-\infty,1)$ 和 $(1,+\infty)$ 两个区间,列表讨论,得

x	$(-\infty,1)$	1	$(1,+\infty)$
$f''(x)$	$-$	0	$+$
$f(x)$	$\cap$	-7	$\cup$

所以,函数曲线 $f(x)=x^3-3x^2-9x+4$ 的凸区间是 $(-\infty,1)$,凹区间是 $(1,+\infty)$,拐点为 $(1,-7)$。

例 5 求函数曲线 $f(x)=(x^2-2)e^x$ 的凹凸区间与拐点。

解:函数的定义域为 $(-\infty,+\infty)$,计算一阶导数和二阶导数,得

$f'(x)=2xe^x+(x^2-2)e^x=(2x+x^2-2)e^x$

$f''(x)=[(2x+x^2-2)e^x]'=(2x+2)e^x+(2x+x^2-2)e^x$

$=(2x+2+2x+x^2-2)e^x=(4x+x^2)e^x$。

令 $(4x+x^2)e^x=0$,解得 $x=-4$ 或 $x=0$。

利用 $x=-4$ 和 $x=0$ 划分定义域 $(-\infty,+\infty)$,并列表讨论,得

x	$(-\infty,-4)$	-4	$(-4,0)$	0	$(0,+\infty)$
$f''(x)$	$+$	0	$-$	0	$+$
$f(x)$	$\cup$	$14e^{-4}$	$\cap$	-2	$\cup$

所以,函数曲线 $f(x)=(x^2-2)e^x$ 的凸区间是 $(-4,0)$,凹区间是 $(-\infty,-4)$ 和 $(0,+\infty)$,拐点为 $(-4,14e^{-4})$ 和 $(0,-2)$。

【课堂练习 3-4】

1. 讨论函数曲线 $f(x)=\dfrac{2}{3}x^3-x$ 的凹凸性。

2. 讨论函数曲线 $f(x)=\dfrac{1}{2x-1}$ 的凹凸性。

3. 求函数曲线 $f(x)=x^3$ 的凹凸区间与拐点。

4. 求函数曲线 $f(x)=x^4-2x^3+3$ 的凹凸区间与拐点。

5. 求函数曲线 $f(x)=2x^3+6x-1$ 的凹凸区间与拐点。

6. 求函数曲线 $f(x)=e^{-\frac{x^2}{2}}$ 的凹凸区间与拐点。

第五节　边际与弹性

导数的本质是函数的变化率或变化速度,在经济学中常会用到变化率的概念,如成本

的变化率、收益变化率、利润的变化率等，这些变化率一般分为两类：绝对变化率（边际）和相对变化率（弹性）。以下分别进行介绍。

一、边际分析

定义 3-5（边际函数）　若经济函数 $y=f(x)$ 在定义区间上可导，则称一阶导数 $f'(x)$ 为边际函数。边际函数 $f'(x)$ 在 $x=x_0$ 时的函数值 $f'(x_0)$ 称为边际函数值。

利用边际函数分析经济量的变化，一般称为边际分析。

假设 $y=f(x)$ 是一个可导的经济函数，其在 $x=x_0$ 处的边际函数值为 $f'(x_0)$，根据微分的定义，当自变量在 $x=x_0$ 的水平上有了改变量 Δx 时，函数的相应改变量为

$$\Delta y=f(x_0+\Delta x)-f(x_0)\approx f'(x_0)\Delta x。$$

此时若取 $\Delta x=1$，可得

$$\Delta y\approx f'(x_0)。$$

此式说明在 $x=x_0$ 的水平上，若自变量 x 增加或减少 1 时，函数 $y=f(x)$ 的改变量约等于函数的边际值 $f'(x_0)$。

例 1　某产品总成本 C 元为产量 x 个的函数

$$C=C(x)=900+\frac{1}{100}x^2,$$

求产量 $x=100$ 时的平均单位成本值、边际成本值。

解：(1) 产量 $x=100$ 时的总成本为

$$C(100)=900+\frac{1}{100}\times 100^2=1000;$$

所以，产量 $x=100$ 时的平均单位成本为

$$\overline{C}(100)=\frac{C(100)}{100}=\frac{1000}{100}=10;$$

所以，当产量 $x=100$ 时，每一个产品的成本是 10 元。

(2) 对函数 $C=C(x)=900+\frac{1}{100}x^2$ 求导，得边际成本函数

$$C'(x)=\frac{1}{50}x。$$

令 $x=100$，得 $C'(100)=\frac{1}{50}\times 100=2$，

所以，当产量 $x=100$ 时，边际成本值是 2 元。

本例结果说明：

(1) 在产量为 $x=100$ 的水平上，若增加（或减少）生产 1 个产品，则成本将增加（或减少）2 元；

(2) 生产 100 个产品时，均摊在每个产品上的成本为 10 元，在此水平上生产第 101 个产品，所需增加的成本仅为 2 元，说明如果仅考虑产品的成本，第 101 个产品是值得生产的。

经济函数中，除了边际成本函数外，还有边际收益、边际利润等函数，其含义类似于边际成本。

二、弹性分析

在边际分析中，讨论了自变量的绝对改变量对函数的绝对改变量的影响程度，属于对绝对数的分析。但在实际问题中，仅使用绝对数不足以全面准确地描述清楚一个问题。

例如，销售价格 x 与需求量 y 之间的函数 $y=f(x)$ 是单调递减的，反映的是当价格提高时，需求量会减少；而当价格降低时，需求量会增加。在销售价格为 x_0 时相应的需求量为 $y_0=f(x_0)$，在此水平上，当销售价格改变了（增加或减少）Δx 时，需求量相应改变了（减少或增加）$\Delta y=f(x_0+\Delta x)-f(x_0)$。

现有 A 和 B 两种商品，其销售价格 x_0 分别为 1000 元/件和 100 元/件，现均降价 50 元，那么需求量的增加效果会相同吗？很明显，由于 A 商品降价幅度为 5%，B 商品降价幅度为 50%，两者差别很大，因而需求量的增加效果也会不一样。所以，除了考虑销售价格的绝对改变量对需求量的绝对改变量影响外（即边际分析），还应该考虑销售价格的变化幅度 $\frac{\Delta x}{x_0}$ 对需求量的变化幅度 $\frac{\Delta y}{y_0}$ 的影响，即销售价格的相对改变量对需求量的相对改变量的影响。

由上述分析，进一步考虑比值

$$\frac{\frac{\Delta y}{y_0}}{\frac{\Delta x}{x_0}}=\frac{\Delta y}{y_0}\cdot\frac{x_0}{\Delta x}=\frac{\Delta y}{\Delta x}\cdot\frac{x_0}{y_0}。$$

一般将此比值记作 $\eta_0=\frac{\Delta y}{\Delta x}\cdot\frac{x_0}{y_0}$。

此式为函数的相对改变量与自变量的相对改变量之比，其含义可以理解为当自变量改变 1 个百分比时，函数改变了 η_0 个百分比，出现负号时表示改变的方向相反。

当 $\Delta x\to 0$ 时，有

$$\lim_{\Delta x\to 0}\left(\frac{\Delta y}{\Delta x}\cdot\frac{x_0}{y_0}\right)=\lim_{\Delta x\to 0}\frac{\Delta y}{\Delta x}\cdot\lim_{\Delta x\to 0}\frac{x_0}{y_0}=f'(x_0)\cdot\frac{x_0}{y_0}=\frac{f'(x_0)}{y_0}\cdot x_0=\frac{f'(x_0)}{f(x_0)}\cdot x_0。$$

对于其他经济函数，也可进行类似分析。

定义 3-6（弹性函数） 若经济函数 $y=f(x)$ 在定义区间上可导，则称 $\frac{f'(x)}{f(x)}\cdot x$ 为弹性函数。记作 $\eta(x)=\frac{f'(x)}{f(x)}\cdot x$ 。

利用弹性函数分析经济量的变化，一般称为弹性分析。

由前面的分析，弹性函数是函数的相对改变量与自变量的相对改变量之比，其含义可以理解为当自变量改变 1 个百分比时，函数改变了 η_0 个百分比，出现负号时表示改变的方向相反。

例 2 商品 A 的需求函数为

$Q=525-p^2$，

求基本价格水平为 $p=5$ 时的需求弹性并解释其经济含义。

解:弹性需求函数为

$$\eta(p)=\frac{Q'(p)}{Q(p)}\cdot p=\frac{(525-p^2)'}{525-p^2}\cdot p=\frac{-2p}{525-p^2}\cdot p=-\frac{2p^2}{525-p^2},$$

所以,$\eta(5)=-\frac{2\times 5^2}{525-5^2}=-\frac{50}{500}=-0.1$。

结果说明:对于商品 A ,当价格提高(或减少)1 个百分比时(即 1%),需求量会减少(或提高)约 0.1 个百分比(即 0.1%),说明了在价格 $p=5$ 的水平时,商品 A 的需求量受价格影响很小。

例 3 商品 B 的需求函数为

$Q=3000\mathrm{e}^{-0.02p}$,

求基本价格水平为 $p=300$ 时的需求弹性并解释其经济含义。

解:弹性需求函数为

$$\eta(p)=\frac{Q'(p)}{Q(p)}\cdot p=\frac{(3000\mathrm{e}^{-0.02p})'}{3000\mathrm{e}^{-0.02p}}\cdot p=\frac{-60\mathrm{e}^{-0.02p}}{3000\mathrm{e}^{-0.02p}}\cdot p=-\frac{1}{50}\cdot p,$$

所以,$\eta(300)=-\frac{1}{50}\cdot 300=-6$。

结果说明:对于商品 B ,当价格提高(或减少)1 个百分比(即 1%)时,需求量会减少(或提高)约 6 个百分比(即 6%),说明了在价格 $p=300$ 的水平时,商品 B 的需求量受价格影响较大。

由以上两例,可以发现:

(1)商品 A 的弹性较小,也就是说当销售价格变动的百分比较大时,需求量变动的百分比却不大,即销售价格对需求量的影响不大,换言之,无论价格如何变动,人们总是要买它,说明商品 A 对人们的基本生活影响较大,此类商品一般是生活中的必需品;

(2)商品 B 的弹性较大,也就是说当销售价格变动的百分比较小时,需求量变动的百分比却很大,即销售价格对需求量的影响很大,换言之,只要销售价格稍有提高(或降低),很多人就不买(或抢购)它,说明商品 B 应该是人们生活中可有可无的商品,对基本的生活影响不大,此类商品一般为奢侈品。

综上述,商品的弹性可以反映出商品的某种属性(如必需品或奢侈品等)。

【课堂练习 3-5】

1. 某商品的需求函数为 $Q=1200-3p$,其中 p 为价格(单位:元),Q 为需求量(单位:千克),求:

(1) 销售该商品的边际收益函数;

(2) 销售量为 600 千克、700 千克时的边际收益,并解释其经济意义。

2. 求函数 $y=x^2-3\sqrt{x}$ 的弹性函数及在点 $x=2$ 处的弹性。

3. 某商品的需求量 Q 为价格 p 的函数 $Q=150-2p^2$,求:

(1) $p=6$ 时的边际需求,并解释其经济意义;

(2) $p=6$ 时的需求弹性,并解释其经济意义;

(3) $p=6$ 时,若价格下降 2%,总收益变化百分之几?是增加还是减少?

复习题三

一、填空题

1. $\lim\limits_{x\to\infty}x(\mathrm{e}^{\frac{1}{x}}-1)=$__________。

2. $\lim\limits_{x\to+\infty}\dfrac{\mathrm{e}^x+\sin x}{\mathrm{e}^x-\cos x}=$__________。

3. $\lim\limits_{x\to0^+}x\ln x=$__________。

4. 如果函数 $f(x)$ 在点 x_0 可导，且在该取得极值，则 $f'(x_0)=$__________。

5. 设有函数 $f(x)$，$f(0)=0$，$f'(0)$ 存在，则 $\lim\limits_{x\to0}\dfrac{f(x)}{x}=$__________。

6. 设 $y=2^{\sin x}$，则 $\mathrm{d}y=$__________。

7. 设 $y=\ln(1+x)$，则 $y^{(5)}=$__________。

8. 曲线 $y=\mathrm{e}^{-x}$ 经过原点的切线方程是__________。

9. 某服装厂每批生产某种款式的服装 x 件的总成本为 $C(x)=7x+200$(千元)，全部售出后获得的收入为 $R(x)=12x-0.01x^2$(千元)。那么，生产这种产品的边际成本为________，边际收入为__________，边际利润为__________，使边际利润为 0 的产量 $x=$______件。

10. 若某商品需求量 Q 对价格 p 的函数关系为 $Q=Q(p)=1600\cdot\left(\dfrac{1}{4}\right)^p$，则需求量 Q 对价格 p 的弹性函数为__________。

二、选择题

1. 下列极限中可以使用洛必达法则的是(　　)。

A. $\lim\limits_{x\to\infty}\dfrac{\sin x}{x}$　　B. $\lim\limits_{x\to\infty}\dfrac{\cos x}{x}$　　C. $\lim\limits_{x\to0}\dfrac{\sin x}{x}$　　D. $\lim\limits_{x\to0}\dfrac{\cos x}{x}$

2. 下列类型的式子中，洛必达法则不适用的是(　　)。

A. $0\cdot\infty$　　B. $\infty\cdot\infty$　　C. $\dfrac{0}{0}$　　D. $\dfrac{\infty}{\infty}$

3. $\lim\limits_{x\to+\infty}x\left(\arctan x-\dfrac{\pi}{2}\right)=$(　　)。

A. 0　　B. ∞　　C. -1　　D. 1

4. $\lim\limits_{x\to0}\left[\dfrac{1}{x}-\dfrac{1}{\ln(1+x)}\right]=$(　　)。

A. $-\dfrac{1}{2}$　　B. $\dfrac{1}{2}$　　C. -2　　D. 2

5. 设函数 $f(x)$ 在 $[0,1]$ 上连续，在 $(0,1)$ 内可导，$f'(x)>0$ 则(　　)。

A. $f(0)<0$　　B. $f(1)>0$　　C. $f(1)>f(0)$　　D. $f(1)<f(0)$

6. 函数 $y=x^2-4x-3$ 的单调减少区间是(　　)。

A. $(-1,+\infty)$　　B. $(-1,4)$　　C. $(-\infty,2)$　　D. $(4,+\infty)$

7. 下列函数在区间 $(-\infty,+\infty)$ 内单调递增的有(　　)。

A. $f(x)=\sin x$　　B. $y=e^x$　　C. $y=x^2$　　D. $f(x)=3-x$

8. 函数 $y=\frac{1}{x}$ 在 $(0,1)$ 内的最小值是(　　)。

A. 0　　B. 1　　C. 任何小于 1 的数　　D. 不存在

9. 设生产 x 个单位产品的总成本函数 $C(x)=9+\frac{1}{12}x^2$，则生产 12 个单位产品的边际成本是(　　)。

A. 2　　B. 4　　C. 1　　D. 3

10. 设曲线 $y=x^2+x-2$ 在点 M 的切线斜率为 3，则点 M 的坐标为(　　)。

A. $(0,1)$　　B. $(1,0)$　　C. $(0,0)$　　D. $(1,1)$

11. $\lim\limits_{x\to1}\frac{\ln x}{1-x^2}=$(　　)。

A. 0　　B. 1　　C. -2　　D. $-\frac{1}{2}$

12. 函数 $f(x)=e^x(x^2-x-1)$ $f(x)=e^x(x^2-x-1)$ 的极大值点是(　　)。

A. $x=1$　　B. $x=-2$　　C. $x=-1$　　D. $x=-2,x=1$

三、计算题

1. 求下列极限：

(1) $\lim\limits_{x\to0}\frac{e^x-e^{-x}}{x}$　　(2) $\lim\limits_{x\to1}\frac{\ln x}{x-1}$　　(3) $\lim\limits_{x\to1}\frac{x^3-3x^2+2}{x^3-x^2-x+1}$

(4) $\lim\limits_{x\to1}\left(\frac{x}{x-1}-\frac{1}{\ln x}\right)$　　(5) $\lim\limits_{x\to0}\frac{e^{2x}-e^{-x}-3x}{1-\cos x}$

2. 求下列函数的极值点和极值：

(1) $f(x)=-x^2+x+2$　　(2) $f(x)=x-e^x$

3. 求函数 $f(x)=x-\ln(1+x)$ 的单调区间。

4. 讨论函数 $f(x)=x^2e^{-x}$ 的单调区间和极值。

5. 求函数 $f(x)=\ln x+\frac{1}{x}$ 的单调区间和极值。

6. 求下列函数的最值：

(1) $f(x)=x+2\sqrt{x}$，$[0,4]$　　(2) $f(x)=x^2-4x+6$，$[-3,10]$

四、解答题

1. 某工厂生产一批产品，固定成本为 200 元，每生产一吨该产品的成本为 60 元，市场的需求函数为 $Q=Q(p)=1000-10p$（Q 为需求量，p 为价格），求产量多少时，利润最大？

2. 某公司经销某种材料，销售收入 R（万元）与销售量 x（吨）的函数关系式为 $R(x)=12\sqrt{x}-\sqrt{x^3}$，销售成本 C（万元）与销售量 x 的函数关系式为 $C(x)=3\sqrt{x}+4$。问：

(1) 销售量为 x 时，求获得的利润函数 $L(x)$；

(2) 销售量 x 为多少时，可获得最大利润？

3. 某工厂生产某种产品 x 吨，所需要的成本为 $C(x)=5x+200$(万元)。将每吨产品投放市场后所得的总收入为 $R(x)=10x-0.01x^2$(万元)。问该产品生产多少吨时获利最大？

第四章 不定积分与定积分

第一节　不定积分的概念

正如加法有逆运算减法，乘法有逆运算除法一样，微分运算也有逆运算——积分。微分是由已知函数求得导数的过程，而积分是已知某个函数的导数，把这个函数求出来的过程。这在很多实际问题中都有着应用。例如：已知速度函数求路程函数；已知曲线上每一点处切线的斜率求曲线方程等。

定义 4-1（原函数）　已知函数 $F(x)$ 在区间 I 上可导，且 $F'(x)=f(x)$ ，则称函数 $F(x)$ 为 $f(x)$ 在区间 I 上的一个原函数。

例如，$F(x)=x^2+3$ 在区间 $(-\infty,+\infty)$ 上可导，且 $F'(x)=(x^2+3)'=2x$ ，因而称 $F(x)=x^2+3$ 是 $f(x)=2x$ 的一个原函数，类似，x^2，x^2+1，x^2+C（C 为任意常数）也都是 $f(x)=2x$ 的原函数。

由此可以看到，一个函数如果存在原函数，那么，它必定有无穷多个原函数，现在要问，这无穷多个原函数之间有什么关系？或者说，怎样把这无穷多个原函数表示出来？观察上面例子，可以发现，函数 $f(x)=2x$ 的原函数之间仅相差一个常数，这对于一般情况是成立的，即有如下定理。

定理 4-1　如果函数 $F(x)$ 是 $f(x)$ 的一个原函数，则函数 $F(x)+C$（C 为任意常数）是 $f(x)$ 的原函数，且 $f(x)$ 的任意一个原函数必定具有 $F(x)+C$ 的形式；或者说，$f(x)$ 的全体原函数可以记作 $F(x)+C$ 。

定义 4-2（不定积分）　函数 $f(x)$ 在区间 I 上的全体原函数 $F(x)+C$ 称为它的不定积分，即 $f(x)$ 的不定积分是 $F(x)+C$ ，记作

$$\int f(x)\mathrm{d}x=F(x)+C,$$

其中 $\int$ 称为积分号，$f(x)$ 称为被积函数，x 称为积分变量，$f(x)\mathrm{d}x$ 称为被积表达式，C 称为积分常数。

例如，函数 $f(x)=2x$ 的全体原函数为 x^2+C ，所以，函数 $f(x)=2x$ 的不定积分为 x^2+C ，记作

$$\int 2x\mathrm{d}x=x^2+C。$$

又如，因为 $(\cos x)'=-\sin x$ ，所以 $\cos x$ 是 $-\sin x$ 的一个原函数，因而 $-\sin x$ 的全体原函数为 $\cos x+C$ ，所以 $-\sin x$ 的不定积分为 $\cos x+C$ ，记作 $\int(-\sin x)\mathrm{d}x=\cos x+C$ 。

类似，$\int \cos x \mathrm{d}x = \sin x + C$ ，$\int x^2 \mathrm{d}x = \frac{1}{3}x^3 + C$ 。

由定义 4-2，若 $F'(x) = f(x)$ ，则有

$$\int f(x)\mathrm{d}x = F(x) + C,$$

把 $F'(x) = f(x)$ 代入上式，得

$$\int F'(x)\mathrm{d}x = F(x) + C,$$

而由于 $F'(x)\mathrm{d}x = \mathrm{d}F(x)$ ，所以上式变成

$$\int \mathrm{d}F(x) = F(x) + C \tag{1}$$

式子(1)说明：对一个函数 $F(x)$ 先进行微分运算，再进行不定积分运算，其运算效果互相抵消，但由于不定积分运算是最后进行的，所以运算结果等于这个函数加上常数 C 。

由定义 4-2，若 $F'(x) = f(x)$ ，则有

$$\int f(x)\mathrm{d}x = F(x) + C,$$

现对上式两边求导，得

$$\left[\int f(x)\mathrm{d}x\right]' = F'(x),$$

而 $F'(x) = f(x)$ ，所以

$$\left[\int f(x)\mathrm{d}x\right]' = f(x) \tag{2}$$

把(2)式写成微分形式，有

$$\mathrm{d}\left[\int f(x)\mathrm{d}x\right] = f(x)\mathrm{d}x \tag{3}$$

式子(2)或(3)说明：对一个函数 $f(x)$ 先进行不定积分运算，再进行求导(或微分)运算，其运算效果互相抵消，所以运算结果等于这个函数 $f(x)$ (或其微分 $f(x)\mathrm{d}x$)。

由此也可以看出，积分和微分是互逆的运算，并且被积函数与积分结果的关系对应的正是导数与全体原函数的关系，上面的(2)式也正说明了对积分的结果求导，得到的正是被积函数，因此不定积分的运算是否正确，可以用此方法进行验证。

例 1　函数 $\sin 5x^2$ 为________的一个原函数。

分析：由题意可知，$\sin 5x^2$ 在此是作为一个原函数，现要求的是它的导数，故有

$(\sin 5x^2)' = \cos 5x^2 \cdot (5x^2)' = \cos 5x^2 \cdot 10x = 10x\cos 5x^2$ ，

所以横线处应填写的答案是 $10x\cos 5x^2$ 。

例 2　已知函数 $f(x)$ 的一个原函数为 $\sin 6x$ ，则 $f'(x) =$ ________。

分析：此题的关键在于求得 $f(x)$ ，而由题意得知 $f(x)$ 的一个原函数为 $\sin 6x$ ，即 $f(x)$ 与 $\sin 6x$ 是导数与一个原函数的关系，所以对 $\sin 6x$ 求导即可得 $f(x)$ ，故有

$$f(x) = (\sin 6x)' = \cos 6x \cdot (6x)' = 6\cos 6x,$$

进而容易得

$$f'(x) = (6\cos 6x)' = -36\sin 6x,$$

所以横线处应填写的答案是 $-36\sin 6x$ 。

例 3 已知函数 $f(x)$ 的一个原函数为 $(x+3)^2$，则下列函数中哪个是 $f(x)$ 的原函数（ ）。

A. x^2-3　　B. x^2+3

C. x^2-6x　　D. x^2+6x

分析：由于所求的与 $(x+3)^2$ 都是 $f(x)$ 的原函数，所以对它们求导肯定得到一样的结果，而

$$[(x+3)^2]'=(x^2+6x+9)'=2x+6。$$

再分别对各备选项求导，有

$$(x^2-3)'=2x$$
$$(x^2+3)'=2x$$
$$(x^2-6x)'=2x-6$$
$$(x^2+6x)'=2x+6$$

结果等于 $2x+6$ 的只有选项 D。

所以选择的答案是 D。

例 4 若不定积分 $\int f(x)\mathrm{d}x=\mathrm{e}^{3x+1}+C$，则被积函数 $f(x)=$________。

分析：由于被积函数 $f(x)$ 与积分结果 $\mathrm{e}^{3x+1}+C$ 是导数与原函数的关系，故对原函数 $\mathrm{e}^{3x+1}+C$ 求导，即可得导数 $f(x)$，所以

$f(x)=(\mathrm{e}^{3x+1}+C)'=3\mathrm{e}^{3x+1}$，

所以横线处应填写的答案是 $3\mathrm{e}^{3x+1}$ 。

例 5 $\left(\int\tan x\,\mathrm{d}x\right)'=$________。

分析：根据公式 $\left(\int f(x)\mathrm{d}x\right)'=f(x)$，对不定积分（的结果）求导，结果等于被积函数，所以

$$\left(\int\tan x\,\mathrm{d}x\right)'=\tan x\ ,$$

所以横线处应填写的答案是 $\tan x$ 。

例 6 $\int\mathrm{d}(\mathrm{e}^{3\sqrt{x}})=$________。

分析：根据公式 $\int\mathrm{d}F(x)=F(x)+C$，对一个函数先求微分再求积分，结果等于被积函数加上常数 C，所以

$$\int\mathrm{d}(\mathrm{e}^{3\sqrt{x}})=\mathrm{e}^{3\sqrt{x}}+C,$$

所以横线处应填写的答案是 $\mathrm{e}^{3\sqrt{x}}+C$ 。

例 7 若 $\int f(x)\mathrm{d}x=x^2+C$，则 $\int\frac{1}{2}xf(x)\mathrm{d}x=$________。

分析：此处关键是要求得被积函数 $\frac{1}{2}xf(x)$，而由 $\int f(x)\mathrm{d}x=x^2+C$ 知道 $f(x)$ 与 x^2+C 为导数与原函数的关系，所以

$$f(x)=(x^2+C)'=2x,$$

所以，被积函数

$$\frac{1}{2}xf(x)=\frac{1}{2}x\cdot 2x=x^2,$$

故所要求的不定积分为

$$\int\frac{1}{2}xf(x)\mathrm{d}x=\int x^2\mathrm{d}x=\frac{1}{3}x^3+C,$$

所以横线处应填写的答案是 $\frac{1}{3}x^3+C$ 。

【课堂练习 4-1】

1. 函数 $\cos 3x^2$ 为________的一个原函数。
2. 已知函数 $f(x)$ 的一个原函数为 $3x^2+5$，则 $f'(x)=$________。
3. 若不定积分 $\int f(x)\mathrm{d}x=\ln(x^2+3)+C$ ，则被积函数 $f(x)=$__________。
4. $\left(\int\sin x\mathrm{d}x\right)'=$__________。
5. $\int\mathrm{d}(2^{3\sqrt{x}})=$__________。
6. 若 $\int f(x)\mathrm{d}x=\frac{1}{2}x^2+C$ ，则 $\int 3xf(x)\mathrm{d}x=$__________。

第二节　不定积分的四则运算法则与基本公式

一、不定积分的四则运算法则

根据导数的运算法则，有以下不定积分的运算法则。

法则 1　若函数 $u=u(x)$ ，$v=v(x)$ 在区间 I 上都存在原函数，则有

$$\int(u\pm v)\mathrm{d}x=\int u\mathrm{d}x\pm\int v\mathrm{d}x \tag{1}$$

证明：由导数运算法则，对上式右边求导，得

$$\left(\int u\mathrm{d}x\pm\int v\mathrm{d}x\right)'=\left(\int u\mathrm{d}x\right)'\pm\left(\int v\mathrm{d}x\right)'=u\pm v,$$

也就是对(1)式右边求导，正好等于其左边的被积函数 $u\pm v$ ，说明右边的 $\int u\mathrm{d}x\pm\int v\mathrm{d}x$ 是被积函数 $u\pm v$ 的原函数，只需加上常数 C 就等于被积函数 $u\pm v$ 的不定积分，而由于 $\int u\mathrm{d}x\pm\int v\mathrm{d}x$ 含有积分符号，所以不必再加上常数 C ，故有

$$\int(u\pm v)\mathrm{d}x=\int u\mathrm{d}x\pm\int v\mathrm{d}x 。$$

法则 2　若函数 $u=u(x)$ 在区间 I 上存在原函数，且常数 $k\neq 0$，则有

$$\int ku\,dx = k\int u\,dx \tag{2}$$

证明：由导数运算法则，对上式右边求导，得

$$\left(k\int u\,dx\right)' = k\left(\int u\,dx\right)' = ku,$$

也就是对(2)式右边求导，正好等于其左边的被积函数 ku，说明 $k\int u\,dx$ 是被积函数 ku 的原函数，只需加上常数 C 就等于被积函数 ku 的不定积分，而由于 $k\int u\,dx$ 含有积分符号，所以不必再加上常数 C，故有

$$\int ku\,dx = k\int u\,dx。$$

以上两个法则可以合并为：

若函数 $u=u(x)$，$v=v(x)$ 在区间 I 上都存在原函数，且 k_1，k_2 为不同时等于零的常数，则有

$$\int (k_1u \pm k_2v)\,dx = k_1\int u\,dx \pm k_2\int v\,dx,$$

称为不定积分的线性运算法则，并且可以推广到有限个函数的情况。

例 1　计算 $\int (2x+\cos x)\,dx$。

解：根据法则 1，有

$$\int (2x+\cos x)\,dx = \int 2x\,dx + \int \cos x\,dx,$$

而由上一节得知

$$\int 2x\,dx = x^2 + C_1,\ \int \cos x\,dx = \sin x + C_2,$$

所以

$$\int (2x+\cos x)\,dx = \int 2x\,dx + \int \cos x\,dx = x^2 + C_1 + \sin x + C_2,$$

而常数 C_1 与 C_2 相加仍是常数，故记为 $C=C_1+C_2$，所求的不定积分为

$$\int (2x+\cos x)\,dx = x^2 + \sin x + C。$$

一般地，在计算不定积分时，其最后结果只需包含一个常数 C，并且是在所有积分均已计算出结果(即不再含有积分符号)后再加上常数，或者说只要式子中含有不定积分符号，就可以不加常数 C。

例 2　计算 $\int 6\cos x\,dx$。

解：根据法则 2，有

$$\int 6\cos x\,dx = 6\int \cos x\,dx,$$

而由上一节得知

$$\int \cos x\,dx = \sin x + C_1,$$

所以

$$\int 6\cos x\,\mathrm{d}x = 6(\sin x + C_1) = 6\sin x + 6C_1,$$

而 $6C_1$ 仍是常数，故记为 $C = 6C_1$，所求的不定积分为

$$\int 6\cos x\,\mathrm{d}x = 6\sin x + C。$$

二、不定积分的基本公式

在不定积分的定义中，并没有给出具体的计算不定积分的方法，但由于求不定积分相当于求原函数，与求导是互逆的运算，因而根据导数基本公式，可以得到下列不定积分公式。

1. 由常数的导数公式得

由于 $(C)' = 0$，故有不定积分

$\int 0\,\mathrm{d}x = C$（由于再加上一个常数 C 还是常数，故此处只写一个常数 C）。

2. 由幂函数的导数公式得

由导数公式 $(x^n)' = nx^{n-1}$，有 $\left(\frac{1}{n}x^n\right)' = x^{n-1}$，有 $\left(\frac{1}{n+1}x^{n+1}\right)' = x^n$（$n \neq -1$），所以有不定积分

$$\int x^n\,\mathrm{d}x = \frac{1}{n+1}x^{n+1} + C \quad （其中 n \neq -1）。$$

例 3　计算下列不定积分

(1) $\int \mathrm{d}x$　(2) $\int x\,\mathrm{d}x$　(3) $\int x^5\,\mathrm{d}x$　(4) $\int x^{50}\,\mathrm{d}x$

(5) $\int \frac{1}{x^5}\mathrm{d}x$　(6) $\int \frac{1}{x^{50}}\mathrm{d}x$　(7) $\int \sqrt{x}\,\mathrm{d}x$　(8) $\int \sqrt[3]{x}\,\mathrm{d}x$

(9) $\int \sqrt[5]{x^2}\,\mathrm{d}x$　(10) $\int \frac{1}{\sqrt{x}}\mathrm{d}x$

解：(1) $\int \mathrm{d}x = \int x^0\,\mathrm{d}x = \frac{1}{0+1}x^{0+1} + C = x + C$

(2) $\int x\,\mathrm{d}x = \frac{1}{1+1}x^{1+1} + C = \frac{1}{2}x^2 + C$

(3) $\int x^5\,\mathrm{d}x = \frac{1}{5+1}x^{5+1} + C = \frac{1}{6}x^6 + C$

(4) $\int x^{50}\,\mathrm{d}x = \frac{1}{50+1}x^{50+1} + C = \frac{1}{51}x^{51} + C$

(5) $\int \frac{1}{x^5}\mathrm{d}x = \int x^{-5}\,\mathrm{d}x = \frac{1}{-5+1}x^{-5+1} + C = -\frac{1}{4x^4} + C$

(6) $\int \frac{1}{x^{50}}\mathrm{d}x = \int x^{-50}\,\mathrm{d}x = \frac{1}{-50+1}x^{-50+1} + C = -\frac{1}{49x^{49}} + C$

(7) $\int \sqrt{x}\,\mathrm{d}x = \int x^{\frac{1}{2}}\,\mathrm{d}x = \frac{1}{\frac{1}{2}+1}x^{\frac{1}{2}+1} + C = \frac{2}{3}x^{\frac{3}{2}} + C$

(8) $\int \sqrt[3]{x}\,\mathrm{d}x = \int x^{\frac{1}{3}}\,\mathrm{d}x = \frac{1}{\frac{1}{3}+1}x^{\frac{1}{3}+1} + C = \frac{3}{4}x^{\frac{4}{3}} + C$

(9) $\int \sqrt[5]{x^2}\,\mathrm{d}x = \int x^{\frac{2}{5}}\,\mathrm{d}x = \frac{1}{\frac{2}{5}+1}x^{\frac{2}{5}+1} + C = \frac{5}{7}x^{\frac{7}{5}} + C$

(10) $\int \frac{1}{\sqrt{x}}\,\mathrm{d}x = \int x^{-\frac{1}{2}}\,\mathrm{d}x = \frac{1}{-\frac{1}{2}+1}x^{-\frac{1}{2}+1} + C = 2x^{\frac{1}{2}} + C$

例 4　计算下列不定积分。

(1) $\int (3x^4 + 2x^3 - x + 5)\,\mathrm{d}x$　　　　(2) $\int (2x-3)^2\,\mathrm{d}x$

(3) $\int \frac{x^3 - 3x + 5}{x^3}\,\mathrm{d}x$　　　　(4) $\int \frac{3x^2 - \sqrt{x}}{x}\,\mathrm{d}x$

解: (1) $\int (3x^4 + 2x^3 - x + 5)\,\mathrm{d}x = \int 3x^4\,\mathrm{d}x + \int 2x^3\,\mathrm{d}x - \int x\,\mathrm{d}x + \int 5\,\mathrm{d}x$

$$= 3\int x^4\,\mathrm{d}x + 2\int x^3\,\mathrm{d}x - \int x\,\mathrm{d}x + 5\int \mathrm{d}x$$

$$= 3\,\frac{x^5}{5} + 2\,\frac{x^4}{4} - \frac{x^2}{2} + 5x + C$$

$$= \frac{3x^5}{5} + \frac{x^4}{2} - \frac{x^2}{2} + 5x + C$$

(2) $\int (2x-3)^2\,\mathrm{d}x = \int (4x^2 - 12x + 9)\,\mathrm{d}x$

$$= 4\int x^2\,\mathrm{d}x - 12\int x\,\mathrm{d}x + 9\int \mathrm{d}x$$

$$= 4\,\frac{x^3}{3} - 12\,\frac{x^2}{2} + 9x + C$$

$$= \frac{4x^3}{3} - 6x^2 + 9x + C$$

(3) $\int \frac{x^3 - 3x + 5}{x^3}\,\mathrm{d}x = \int 1\,\mathrm{d}x - \int \frac{3}{x^2}\,\mathrm{d}x + \int \frac{5}{x^3}\,\mathrm{d}x$

$$= x - 3\int x^{-2}\,\mathrm{d}x + 5\int x^{-3}\,\mathrm{d}x$$

$$= x - 3\,\frac{x^{-1}}{-1} + 5\,\frac{x^{-2}}{-2} + C$$

$$= x + 3x^{-1} - \frac{5x^{-2}}{2} + C$$

$$= x + \frac{3}{x} - \frac{5}{2x^2} + C$$

(4) $\int \frac{3x^2-\sqrt{x}}{x}dx=\int 3x\,dx-\int \frac{\sqrt{x}}{x}dx$

$$=3\frac{x^2}{2}-\int x^{-\frac{1}{2}}dx$$

$$=\frac{3x^2}{2}-\frac{x^{-\frac{1}{2}+1}}{-\frac{1}{2}+1}+C$$

$$=\frac{3x^2}{2}-\frac{x^{\frac{1}{2}}}{\frac{1}{2}}+C$$

$$=\frac{3x^2}{2}-2\sqrt{x}+C$$

3. 由指数函数的导数公式得

由导数公式 $(a^x)'=a^x\ln a$（$a>0,a\neq1$），有 $\left(\frac{1}{\ln a}a^x\right)'=a^x$，所以有不定积分

$$\int a^x dx=\frac{1}{\ln a}a^x+C\ (a>0,a\neq1)。$$

当 $a=\mathrm{e}$ 时，$\int \mathrm{e}^x dx=\mathrm{e}^x+C$。

例 5 计算下列不定积分

(1) $\int 2^x dx$ (2) $\int 5^x dx$ (3) $\int 10^x dx$ (4) $\int 5\mathrm{e}^x dx$

解：(1) $\int 2^x dx=\frac{2^x}{\ln 2}+C$

(2) $\int 5^x dx=\frac{5^x}{\ln 5}+C$

(3) $\int 10^x dx=\frac{10^x}{\ln 10}+C$

(4) $\int 5\mathrm{e}^x dx=5\int \mathrm{e}^x dx=5\mathrm{e}^x+C$

例 6 计算下列不定积分

(1) $\int (3^x+2\mathrm{e}^x)dx$ (2) $\int 3^x\mathrm{e}^x dx$

解：(1) $\int (3^x+2\mathrm{e}^x)dx=\int 3^x dx+\int 2\mathrm{e}^x dx$

$$=\frac{1}{\ln 3}3^x+2\mathrm{e}^x+C$$

(2) $\int 3^x\mathrm{e}^x dx=\int (3\mathrm{e})^x dx$

$$=\frac{1}{\ln 3\mathrm{e}}(3\mathrm{e})^x+C$$

$$=\frac{1}{1+\ln3}(3\mathrm{e})^x+C$$

4. 由对数函数的导数公式得

由导数公式 $(\ln x)'=\frac{1}{x}\ (x>0)$，所以有不定积分

$$\int\frac{1}{x}\mathrm{d}x=\ln x+C\quad(x>0),$$

若 $x<0$，有 $(\ln(-x))'=\frac{1}{-x}(-x)'=\frac{1}{x}$，所以有不定积分

$$\int\frac{1}{x}\mathrm{d}x=\ln(-x)+C\qquad(x<0),$$

综合以上两个公式可得 $\int\frac{1}{x}\mathrm{d}x=\ln|x|+C$。

例 7　计算下列不定积分

(1) $\int\left(\frac{1}{3}x+\frac{3}{x}\right)\mathrm{d}x$　　　　(2) $\int\left(x-\frac{1}{\sqrt{x}}\right)^2\mathrm{d}x$

解：(1) $\int\left(\frac{1}{3}x+\frac{3}{x}\right)\mathrm{d}x=\int\frac{1}{3}x\mathrm{d}x+\int\frac{3}{x}\mathrm{d}x$

$$=\frac{1}{3}\cdot\frac{x^2}{2}+3\ln|x|+C$$

$$=\frac{x^2}{6}+3\ln|x|+C$$

(2) $\int\left(x-\frac{1}{\sqrt{x}}\right)^2\mathrm{d}x=\int\left(x^2-2\frac{x}{\sqrt{x}}+\frac{1}{x}\right)\mathrm{d}x$

$$=\int x^2\mathrm{d}x-\int2\frac{x}{\sqrt{x}}\mathrm{d}x+\int\frac{1}{x}\mathrm{d}x$$

$$=\frac{x^3}{3}-2\int x^{\frac{1}{2}}\mathrm{d}x+\ln|x|$$

$$=\frac{x^3}{3}-2\frac{x^{\frac{1}{2}+1}}{\frac{1}{2}+1}+\ln|x|+C$$

$$=\frac{x^3}{3}-\frac{4\sqrt{x^3}}{3}+\ln|x|+C$$

5. 由三角函数的导数公式得

由导数公式 $(\sin x)'=\cos x$，得不定积分公式 $\int\cos x\mathrm{d}x=\sin x+C$；

由导数公式 $(\cos x)'=-\sin x$，有 $(-\cos x)'=\sin x$，得不定积分公式

$$\int\sin x\mathrm{d}x=-\cos x+C;$$

由导数公式 $(\tan x)'=\sec^2 x$,得不定积分公式 $\int \sec^2 x\,dx=\tan x+C$；

由导数公式 $(\cot x)'=-\csc^2 x$,有 $(-\cot x)'=\csc^2 x$,得不定积分公式

$$\int \csc^2 x\,dx=-\cot x+C。$$

例 8 计算下列不定积分

(1) $\int(3\sin x+\cos x)dx$　　(2) $\int \tan^2 x\,dx$　　(3) $\int \frac{\sin 2x}{\sin x}dx$

解:(1) $\int(3\sin x+\cos x)dx=3\int \sin x\,dx+\int \cos x\,dx$

$$=3(-\cos x)+\sin x+C$$

$$=-3\cos x+\sin x+C$$

(2) $\int \tan^2 x\,dx=\int(\sec^2 x-1)dx$

$$=\int \sec^2 x\,dx-\int 1dx$$

$$=\tan x-x+C$$

(3) $\int \frac{\sin 2x}{\sin x}dx=\int \frac{2\sin x\cos x}{\sin x}dx$

$$=\int 2\cos x\,dx$$

$$=2\sin x+C$$

6. 由反三角函数的导数公式得

由导数公式 $(\arcsin x)'=\frac{1}{\sqrt{1-x^2}}$,得积分公式 $\int \frac{1}{\sqrt{1-x^2}}dx=\arcsin x+C$；

由导数公式 $(\arctan x)'=\frac{1}{1+x^2}$,得积分公式 $\int \frac{1}{1+x^2}dx=\arctan x+C$。

例 9 计算下列不定积分

(1) $\int\left(2x^3+\frac{1}{\sqrt{1-x^2}}\right)dx$　　(2) $\int \frac{x^2}{2(1+x^2)}dx$

解:(1) $\int\left(2x^3+\frac{1}{\sqrt{1-x^2}}\right)dx=\int 2x^3dx+\int \frac{1}{\sqrt{1-x^2}}dx$

$$=2\,\frac{x^4}{4}+\arcsin x+C$$

$$=\frac{x^4}{2}+\arcsin x+C$$

(2) $\int \frac{x^2}{2(1+x^2)}dx=\frac{1}{2}\int \frac{x^2+1-1}{1+x^2}dx$

$$=\frac{1}{2}\int 1dx-\frac{1}{2}\int \frac{1}{1+x^2}dx$$

$$=\frac{1}{2}x-\frac{1}{2}\arctan x+C$$

由上面的讨论，可以得到以下不定积分的基本公式：

(1) $\int 0\mathrm{d}x=C$

(2) $\int x^n\mathrm{d}x=\frac{x^{n+1}}{n+1}+C\ (n\neq-1)$

(3) $\int \frac{1}{x}\mathrm{d}x=\ln|x|+C$

(4) $\int a^x\mathrm{d}x=\frac{1}{\ln a}a^x+C\ (a>0,a\neq1)$

(5) $\int \mathrm{e}^x\mathrm{d}x=\mathrm{e}^x+C$

(6) $\int \sin x\mathrm{d}x=-\cos x+C$

(7) $\int \cos x\mathrm{d}x=\sin x+C$

(8) $\int \sec^2x\mathrm{d}x=\tan x+C$

(9) $\int \csc^2x\mathrm{d}x=-\cot x+C$

(10) $\int \frac{1}{\sqrt{1-x^2}}\mathrm{d}x=\arcsin x+C$

(11) $\int \frac{1}{1+x^2}\mathrm{d}x=\arctan x+C$

【课堂练习 4-2】

1. 计算 $\int (x+\sin x)\mathrm{d}x$ 。

2. 计算 $\int 2\sin x\mathrm{d}x$ 。

3. 计算下列不定积分

(1) $\int 2\mathrm{d}x$；　(2) $\int 3x\mathrm{d}x$；　(3) $\int x^{10}\mathrm{d}x$；　(4) $\int \frac{1}{x^{10}}\mathrm{d}x$；

(5) $\int (-\sqrt{x})\mathrm{d}x$；　(6) $\int \sqrt[3]{x^2}\mathrm{d}x$；　(7) $\int \sqrt[5]{x}\mathrm{d}x$；　(8) $\int \frac{1}{2\sqrt{x}}\mathrm{d}x$。

4. 计算下列不定积分

(1) $\int (x^5-2x^3+3x-1)\mathrm{d}x$；　(2) $\int (x-1)^2\mathrm{d}x$；

(3) $\int \frac{x^3+2x-3}{x^3}\mathrm{d}x$；　(4) $\int \frac{3x^3-\sqrt{x}}{x^2}\mathrm{d}x$。

5. 计算下列不定积分

(1) $\int 3^x\mathrm{d}x$；　(2) $\int (\mathrm{e}^x+2x)\mathrm{d}x$；　(3) $\int 6^x\mathrm{d}x$；　(4) $\int 2\mathrm{e}^x\mathrm{d}x$。

6. 计算下列不定积分

(1) $\int(5^x+3e^x)dx$；　　(2) $\int 2^x e^x dx$。

7. 计算下列不定积分

(1) $\int\left(\frac{1}{2}x^2+\frac{2}{x^2}\right)dx$；　　(2) $\int\left(x+\frac{1}{\sqrt{x}}\right)^2dx$。

8. 计算下列不定积分

(1) $\int(3\sin x-2\cos x)dx$；　　(2) $\int\cot^2 x dx$；　　(3) $\int\frac{\sin 2x}{\cos x}dx$。

9. 计算下列不定积分

(1) $\int\left(\frac{1}{x^3}-\frac{1}{\sqrt{1-x^2}}\right)dx$；　　(2) $\int\frac{x^2}{1+x^2}dx$。

第三节　不定积分换元积分法

为更好地撑握不定积分的换元法，下面先介绍在求不定积分中常用的凑微分方法。

一、凑微分

通过前面对微分的学习，知道 $d(x^2+3)=2xdx$，此称为求函数 x^2+3 的微分，其结果是 $2xdx$，反映在公式中便是 $df(x)=f'(x)dx$。

现把以上式子左右两边交换，得 $2xdx=d(x^2+3)$，即把所求得的微分还原为求微分之前的式子，反映为公式便是 $f'(x)dx=df(x)$，此过程称为凑微分。

又由于 $f(x)=\int f'(x)dx$，代入式子 $f'(x)dx=df(x)$，便有

$$f'(x)dx=df(x)=d\int f'(x)dx,$$

所以凑微分的本质是把函数的原函数或不定积分写到微分记号的后面。如：

$$dx=d\left(\int dx\right)=d(x+C),$$

$$xdx=d\left(\int xdx\right)=d\left(\frac{x^2}{2}+C\right),$$

$$\frac{1}{x}dx=d\left(\int\frac{1}{x}dx\right)=d(\ln|x|+C)。$$

但在求不定积分时，直接利用上面这些式子的并不多，而经常是根据题意，在微分记号前面保留一个常数，或把 C 取为特定的常数。如下面便是一些常用的例子：

$$dx=d(x-2);$$

$$dx=d(x+3);$$

$$dx=d\left(\frac{1}{2}+x\right);$$

$$\mathrm{d}x=\frac{1}{2}\mathrm{d}(2x);$$

$$\mathrm{d}x=\frac{1}{3}\mathrm{d}(3x+1);$$

$$\mathrm{d}x=-\mathrm{d}(-x);$$

$$\mathrm{d}x=-\mathrm{d}(-x-2);$$

$$\mathrm{d}x=-\frac{1}{2}\mathrm{d}(-2x-1);$$

$$x\mathrm{d}x=\mathrm{d}\left(\frac{x^2}{2}-1\right);$$

$$x\mathrm{d}x=\frac{1}{2}\mathrm{d}(x^2-1);$$

$$x\mathrm{d}x=-\frac{1}{2}\mathrm{d}(-x^2);$$

$$\frac{1}{x^2}\mathrm{d}x=\mathrm{d}\left(-\frac{1}{x}\right);$$

$$\frac{1}{\sqrt{x}}\mathrm{d}x=2\mathrm{d}(\sqrt{x});$$

$$\sin x\,\mathrm{d}x=\mathrm{d}(-\cos x+C);$$

$$\sin x\,\mathrm{d}x=-\mathrm{d}(\cos x+2)。$$

在使用凑微分方法时，一般还是先求出对应的不定积分，再根据题意，对其中的常数取特定值或进行等价变形。如对 $\cos x\,\mathrm{d}x$ ，凑微分时还是先把 $\cos x$ 的不定积分求出来，可得

$$\cos x\,\mathrm{d}x=\mathrm{d}\left(\int\cos x\,\mathrm{d}x\right)=\mathrm{d}(\sin x+C)。$$

接下来再根据题意需要，对其中的常数 C 取特定的值或对上式进行适当的等价变形，如：

$$\cos x\,\mathrm{d}x=\frac{1}{2}\mathrm{d}(2\sin x+3),$$

$$\cos x\,\mathrm{d}x=-\mathrm{d}(-\sin x+2),$$

$$\cos x\,\mathrm{d}x=-\frac{1}{3}\mathrm{d}(-3\sin x+1)。$$

凑微分在不定积分的计算过程中到处可以见到，其根本就是把不定积分写到微分记号的后面，再做适当的等价变形或取特定的常数。

二、不定积分换元积分法

如何求不定积分 $\int\cos(2x+3)\mathrm{d}x$ ？

第一步：根据凑微分，有

$$\int\cos(2x+3)\mathrm{d}x=\frac{1}{2}\int\cos(2x+3)\mathrm{d}(2x+3)$$

（此处凑微分是 $dx=\frac{1}{2}d(2x+3)$，为什么要这么凑）

第二步：换元，令 $t=2x+3$，并根据积分公式计算得

$$\frac{1}{2}\int \cos t\,dt=\frac{1}{2}\sin t+C。$$

第三步：由于 $t=2x+3$，还原变量，得

$$\frac{1}{2}\int \cos(2x+3)\,d(2x+3)=\frac{1}{2}\sin(2x+3)+C。$$

所以可得不定积分

$$\int \cos(2x+3)\,dx=\frac{1}{2}\sin(2x+3)+C。$$

结果是否正确呢？可以对右式进行求导，其结果确是等于左式的被积函数的，所以上式是正确的。

以上求不定积分的过程：凑微分 → 换元 → 求得不定积分并还原变量。这一求不定积分的方法称为不定积分的第一换元法，即先凑微分后换元，再求得不定积分。

不定积分第一换元法　若有 $F'(t)=f(t)$，以下求不定积分的方法称为第一换元法。

第一步：凑微分 $\int f(u(x))u'(x)\,dx=\int f(u(x))\,du(x)$。

第二步：换元，令 $t=u(x)$，上式变为 $\int f(t)\,dt$。

第三步：求得不定积分并还原变量，$\int f(t)\,dt=F(t)+C=F(u(x))+C$，

用一个式子表示便是

$$\begin{aligned}\int f(u(x))u'(x)\,dx&=\int f(u(x))\,du(x)\\&\xlongequal{\text{令 }u(x)=t}\int f(t)\,dt\\&=F(t)+C\\&\xlongequal{\text{令 }t=u(x)}F(u(x))+C。\end{aligned}$$

例 1　计算 $\int \frac{1}{3x+5}dx$。

解： $\int \frac{1}{3x+5}dx=\frac{1}{3}\int \frac{1}{3x+5}d(3x+5)$，

令 $t=3x+5$，

原式 $=\frac{1}{3}\int \frac{1}{t}dt=\frac{1}{3}\ln|t|+C=\frac{1}{3}\ln|3x+5|+C$。

一般地，在使用第一换元法时，常常不写出换元的过程，而是把所要换的式子当成一个变量 t，直接使用基本公式写出结果：

$$\int \frac{1}{3x+5}dx=\frac{1}{3}\int \frac{1}{3x+5}d(3x+5)=\frac{1}{3}\ln|3x+5|+C$$

例 2　计算 $\int \sin 5x\,dx$。

解：$\int \sin 5x\,dx = \frac{1}{5}\int \sin 5x\,d(5x) = -\frac{1}{5}\cos 5x + C$

例 3　计算 $\int \cos(-x+2)\,dx$ 。

解：$\int \cos(-x+2)\,dx = -\int \cos(-x+2)\,d(-x+2) = -\sin(-x+2) + C$

例 4　计算 $\int e^{-2x}\,dx$ 。

解：$\int e^{-2x}\,dx = -\frac{1}{2}\int e^{-2x}\,d(-2x) = -\frac{1}{2}e^{-2x} + C$

例 5　计算 $\int e^{-x}\,dx$ 。

解：$\int e^{-x}\,dx = -\int e^{-x}\,d(-x) = -e^{-x} + C$

例 6　计算 $\int \frac{1}{\sqrt{4-x^2}}\,dx$ 。

解：$\int \frac{1}{\sqrt{4-x^2}}\,dx = \int \frac{\frac{1}{2}}{\sqrt{1-\frac{x^2}{4}}}\,dx = \int \frac{1}{\sqrt{1-\left(\frac{x}{2}\right)^2}}\,d\left(\frac{x}{2}\right) = \arcsin\frac{x}{2} + C$

例 7　计算 $\int \frac{1}{4+x^2}\,dx$ 。

解：$\int \frac{1}{4+x^2}\,dx = \int \frac{\frac{1}{4}}{1+\frac{x^2}{4}}\,dx = \frac{1}{2}\int \frac{1}{1+\left(\frac{x}{2}\right)^2}\,d\left(\frac{x}{2}\right) = \frac{1}{2}\arctan\frac{x}{2} + C$

例 8　计算 $\int x e^{x^2}\,dx$ 。

解：$\int x e^{x^2}\,dx = \int e^{x^2}\,d\left(\frac{x^2}{2}\right) = \frac{1}{2}\int e^{x^2}\,d(x^2) = \frac{1}{2}e^{x^2} + C$

例 9　计算 $\int x^2(x^3-2)^{10}\,dx$ 。

解：
$$\int x^2(x^3-2)^{10}\,dx = \int (x^3-2)^{10}\,d\left(\frac{x^3}{3}\right) = \frac{1}{3}\int (x^3-2)^{10}\,d(x^3-2)$$
$$= \frac{1}{3}\,\frac{(x^3-2)^{11}}{11} + C = \frac{(x^3-2)^{11}}{33} + C$$

在第一换元法中，是通过先凑微分再换元进而求得不定积分。

现在来观察：在第一换元法中，最关键的其实是换元，那么，能否直接换元而进一步求得不定积分呢？如 $\int \cos(2x+3)\,dx$ ？

第一步：换元，令 $t = 2x+3$，则 $x = \frac{t-3}{2}$，所以

$$\int \cos(2x+3)\,dx = \int \cos t\,d\,\frac{t-3}{2}$$

第二步：把右边式子后面的微分 $\mathrm{d}\,\frac{t-3}{2}$ 计算出来，并求得不定积分

$$\int \cos t\,\mathrm{d}\,\frac{t-3}{2}=\int \cos t\left(\frac{1}{2}\mathrm{d}t\right)=\frac{1}{2}\int \cos t\,\mathrm{d}t=\frac{1}{2}\sin t+C$$

第三步：由于 $t=2x+3$，还原变量，可得所求的不定积分为

$$\int \cos(2x+3)\,\mathrm{d}x=\frac{1}{2}\sin(2x+3)+C$$

得到的结果跟前面第一换元法得到的结果是一样的，得到这样一致的结果是容易理解的，这里求不定积分的过程为：换元 → 求微分 → 求得不定积分并还原变量。这种求不定积分的方法称为第二换元法，即先换元后求微分，再求得不定积分。

不定积分第二换元法 对于不定积分 $\int f(x)\mathrm{d}x$，以下计算方法称为不定积分的第二换元法。

第一步：令 $x=\varphi(t)$，则上式变为 $\int f(\varphi(t))\mathrm{d}\varphi(t)$；

第二步：求微分 $d\varphi(t)=\varphi'(t)\mathrm{d}t$，所以上式变为 $\int f(\varphi(t))\varphi'(t)\mathrm{d}t$；

第三步：如果函数 $f(\varphi(t))\varphi'(t)$ 的积分容易求得，那么以上不定积分也容易求得。

例 10 计算 $\int 30x\sqrt{2x+1}\,\mathrm{d}x$。

解：令 $t=\sqrt{2x+1}$，则 $x=\frac{t^2-1}{2}$，有

$$\begin{aligned}\int 30x\sqrt{2x+1}\,\mathrm{d}x&=\int 30\,\frac{t^2-1}{2}t\,\mathrm{d}\,\frac{t^2-1}{2}\\&=\int 30\,\frac{t^2-1}{2}t\cdot t\,\mathrm{d}t\\&=15\int(t^4-t^2)\mathrm{d}t\\&=15\left(\frac{t^5}{5}-\frac{t^3}{3}\right)+C\\&=3t^5-5t^3+C\\&=3\,(\sqrt{2x+1})^5-5\,(\sqrt{2x+1})^3+C\end{aligned}$$

例 11 计算 $\int \frac{1}{\sqrt{x}+1}\mathrm{d}x$。

解：令 $t=\sqrt{x}$，则 $x=t^2$，有

$$\begin{aligned}\int \frac{1}{\sqrt{x}+1}\mathrm{d}x&=\int \frac{1}{t+1}\mathrm{d}t^2\\&=\int \frac{1}{t+1}2t\,\mathrm{d}t\\&=2\int \frac{t}{t+1}\mathrm{d}t\\&=2\int \frac{t+1-1}{t+1}\mathrm{d}t\end{aligned}$$

$$=2\int 1\mathrm{d}t-2\int\frac{1}{t+1}\mathrm{d}t$$

$$=2t-2\int\frac{1}{t+1}\mathrm{d}(t+1)$$

$$=2t-2\ln(t+1)+C\qquad(t+1=\sqrt{x}+1>0)$$

$$=2\sqrt{x}-2\ln(\sqrt{x}+1)+C$$

例 12　计算$\int\frac{1}{\sqrt[3]{x}+1}\mathrm{d}x$。

解:令 $t=\sqrt[3]{x}$,则 $x=t^3$,有

$$\int\frac{1}{\sqrt[3]{x}+1}\mathrm{d}x=\int\frac{1}{t+1}\mathrm{d}t^3$$

$$=\int\frac{1}{t+1}\cdot 3t^2\mathrm{d}t$$

$$=3\int\frac{t^2-1+1}{t+1}\mathrm{d}t$$

$$=3\int(t-1)\mathrm{d}t+3\int\frac{1}{t+1}\mathrm{d}(t+1)$$

$$=\frac{3t^2}{2}-3t+3\ln|t+1|+C$$

$$=\frac{3\sqrt[3]{x^2}}{2}-3\sqrt[3]{x}+3\ln|\sqrt[3]{x}+1|+C$$

例 13　计算$\int\frac{1}{\sqrt[3]{x^2}+\sqrt{x}}\mathrm{d}x$。

解:令 $t=\sqrt[6]{x}$,则 $x=t^6$,有

$$\int\frac{1}{\sqrt[3]{x^2}+\sqrt{x}}\mathrm{d}x=\int\frac{1}{t^4+t^3}\mathrm{d}t^6$$

$$=\int\frac{1}{t^4+t^3}\cdot 6t^5\mathrm{d}t$$

$$=6\int\frac{t^5}{t^4+t^3}\mathrm{d}t$$

$$=6\int\frac{t^5+t^4-t^4-t^3+t^3}{t^4+t^3}\mathrm{d}t$$

$$=6\int\frac{t^5+t^4}{t^4+t^3}\mathrm{d}t-6\int\frac{t^4+t^3}{t^4+t^3}\mathrm{d}t+6\int\frac{t^3}{t^4+t^3}\mathrm{d}t$$

$$=6\int t\mathrm{d}t-6\int 1\mathrm{d}t+6\int\frac{1}{t+1}\mathrm{d}(t+1)$$

$$=3t^2-6t+6\ln|t+1|+C$$

$$=3\sqrt[3]{x}-6\sqrt[6]{x}+6\ln|\sqrt[6]{x}+1|+C$$

对于不定积分的第一、第二换元法,其本质都是换元,是复合函数求导公式的逆运算,从公式来看,一个是把 x 当成自变量,一个是把 x 当成中间变量,另外,容易凑微分时使用

第一换元法，不容易凑微分时使用第二换元法，即第二换元法基本上是非换不可，否则看不出来如何凑微分，所以第二换元法基本是用在带有根号等比较繁杂的式子中。

下面是一些有理分式不定积分的例子。

例 14 计算 $\int \frac{x}{x+1}dx$ 。

解： $\int \frac{x}{x+1}dx = \int \frac{x+1-1}{x+1}dx$

$$= \int 1dx - \int \frac{1}{x+1}dx$$

$$= x - \int \frac{1}{x+1}d(x+1)$$

$$= x - \ln|x+1| + C$$

例 15 计算 $\int \frac{2x}{x^2+3}dx$ 。

解： $\int \frac{2x}{x^2+3}dx = \int \frac{1}{x^2+3}d(x^2+3)$

$$= \ln(x^2+3) + C$$

例 16 计算 $\int \frac{1}{x^2+x-6}dx$。

解： $\int \frac{1}{x^2+x-6}dx = \int \frac{1}{(x-2)(x+3)}dx$

$$= \int \frac{1}{5}\left(\frac{1}{x-2} - \frac{1}{x+3}\right)dx$$

$$= \frac{1}{5}\int \frac{1}{x-2}dx - \frac{1}{5}\int \frac{1}{x+3}dx$$

$$= \frac{1}{5}\int \frac{1}{x-2}d(x-2) - \frac{1}{5}\int \frac{1}{x+3}d(x+3)$$

$$= \frac{1}{5}\ln|x-2| - \frac{1}{5}\ln|x+3| + C$$

例 17 计算 $\int \frac{1}{x^2+2x+10}dx$。

解： $\int \frac{1}{x^2+2x+10}dx = \int \frac{1}{(x+1)^2+9}dx$

$$= \int \frac{\frac{1}{9}}{(\frac{x+1}{3})^2+1}dx$$

$$= \frac{1}{3}\int \frac{1}{\left(\frac{x+1}{3}\right)^2+1}d\left(\frac{x}{3}\right)$$

$$= \frac{1}{3}\int \frac{1}{\left(\frac{x+1}{3}\right)^2+1}d\left(\frac{x+1}{3}\right)$$

$$=\frac{1}{3}\arctan\frac{x+1}{3}+C$$

【课堂练习 4-3】

1. 计算 $\int\frac{1}{5x-1}\mathrm{d}x$ 。

2. 计算 $\int\cos 3x\,\mathrm{d}x$ 。

3. 计算 $\int\sin(-2x+5)\mathrm{d}x$ 。

4. 计算 $\int\mathrm{e}^{-3x}\mathrm{d}x$ 。

5. 计算 $\int\mathrm{e}^{2x-5}\mathrm{d}x$ 。

6. 计算 $\int\frac{1}{\sqrt{9-x^2}}\mathrm{d}x$ 。

7. 计算 $\int\frac{1}{9+x^2}\mathrm{d}x$ 。

8. 计算 $\int x\mathrm{e}^{3x^2}\mathrm{d}x$ 。

9. 计算 $\int x\,(x^2+3)^{20}\mathrm{d}x$ 。

10. 计算 $\int 5x\sqrt{3x-1}\,\mathrm{d}x$

11. 计算 $\int\frac{\sqrt{x}}{x+1}\mathrm{d}x$。

12. 计算 $\int\frac{1}{2\sqrt[3]{x}+1}\mathrm{d}x$。

13. 计算 $\int\frac{1}{\sqrt[3]{x^2}+x}\mathrm{d}x$。

14. 计算 $\int\frac{x}{x+2}\mathrm{d}x$ 。

15. 计算 $\int\frac{3x}{x^2+2}\mathrm{d}x$。

16. 计算 $\int\frac{1}{x^2-3x-10}\mathrm{d}x$。

17. 计算 $\int\frac{1}{x^2+4x+13}\mathrm{d}x$。

第四节　不定积分分部积分法

由导数基本公式 $(uv)'=u'v+uv'$，移项得 $uv'=(uv)'-u'v$，对两边求不定积分，得

$$\int uv'\mathrm{d}x=\int[(uv)'-u'v]\mathrm{d}x=\int(uv)'\mathrm{d}x-\int u'v\mathrm{d}x。$$

由于有 $v'\mathrm{d}x=\mathrm{d}v$，$\int u'\mathrm{d}x=\mathrm{d}u$，所以

$$\int u\mathrm{d}v=uv-\int v\mathrm{d}u,$$

此即不定积分分部积分公式。

公式使用说明：先对被积函数凑微分（或把积分变量 x 看成一个函数），其中紧接积分号后面的可以看成 u，在积分变量位置上的部分看成 v，那么，这个函数的积分可以写成 u 与 v 的乘积减去 u 与 v 交换的不定积分 $\int u\mathrm{d}v=uv-\int v\mathrm{d}u$。

例 1 计算 $\int x\cos x\mathrm{d}x$。

解：
$$\begin{aligned}\int x\cos x\mathrm{d}x&=\int x\mathrm{d}(\sin x)\\&=x\sin x-\int\sin x\mathrm{d}x\\&=x\sin x+\cos x+C\end{aligned}$$

例 2 计算 $\int\arctan x\mathrm{d}x$。

解：把后面的积分变量 x 看成一个函数，有

$$\begin{aligned}\int\arctan x\mathrm{d}x&=x\arctan x-\int x\mathrm{d}\arctan x\\&=x\arctan x-\int x\frac{1}{1+x^2}\mathrm{d}x\\&=x\arctan x-\int\frac{1}{1+x^2}\mathrm{d}\left(\frac{1}{2}x^2\right)\\&=x\arctan x-\frac{1}{2}\int\frac{1}{1+x^2}\mathrm{d}(1+x^2)\\&=x\arctan x-\frac{1}{2}\ln(1+x^2)+C\end{aligned}$$

例 3 计算 $\int x^3\ln x\mathrm{d}x$。

解：
$$\begin{aligned}\int x^3\ln x\mathrm{d}x&=\int\ln x\cdot x^3\mathrm{d}x\\&=\int\ln x\cdot\mathrm{d}\left(\frac{x^4}{4}\right)\\&=\ln x\cdot\frac{x^4}{4}-\int\frac{x^4}{4}\cdot\mathrm{d}(\ln x)\\&=\frac{x^4}{4}\ln x-\int\frac{x^4}{4}\cdot\frac{1}{x}\mathrm{d}x\\&=\frac{x^4}{4}\ln x-\frac{1}{4}\int x^3\mathrm{d}x\end{aligned}$$

$$=\frac{x^4}{4}\ln x-\frac{1}{4}\cdot\frac{x^4}{4}+C$$

$$=\frac{x^4}{4}\ln x-\frac{x^4}{16}+C$$

例 4　计算 $\int \ln x\,dx$ 。

解:把后面的积分变量 x 看成一个函数,有

$$\int \ln x\,dx=x\ln x-\int x\,d(\ln x)$$

$$=x\ln x-\int x\cdot\frac{1}{x}dx$$

$$=x\ln x-\int 1dx$$

$$=x\ln x-x+C$$

例 5　计算 $\int x e^x dx$ 。

解:$\int x e^x dx=\int x\,d(e^x)$

$$=xe^x-\int e^x dx$$

$$=xe^x-e^x+C$$

通过观察得知,如果被积函数是由指数函数、三角函数、幂函数、对数函数或反三角函数中的两类函数组成,一般可以按"指三幂对反"的顺序,把排在前面的与 dx 凑成微分,再利用分部积分公式进行计算即可。

例 6　计算 $\int \ln^2 x\,dx$ 。

解:$\int \ln^2 x\,dx=x\ln^2 x-\int x\,d(\ln^2 x)$

$$=x\ln^2 x-\int x\cdot 2\ln x\cdot\frac{1}{x}dx$$

$$=x\ln^2 x-2\int \ln x\,dx$$

$$=x\ln^2 x-2(x\ln x-\int x\,d(\ln x))$$

$$=x\ln^2 x-2(x\ln x-\int x\cdot\frac{1}{x}dx)$$

$$=x\ln^2 x-2(x\ln x-\int 1dx)$$

$$=x\ln^2 x-2x\ln x+2x+C$$

以上计算过程中,两次使用了不定积分的分部积分公式。

【课堂练习 4-4】

1. 计算 $\int x\sin x\,dx$ 。

2. 计算 $\int \arctan 2x\,dx$ 。

3. 计算 $\int x^2 \ln x\,dx$ 。

4. 计算 $\int \ln(x+1)\,dx$ 。

5. 计算 $\int x^2 e^x\,dx$ 。

6. 计算 $\int \lg x\,dx$ 。

第五节　定积分的概念

一、定积分的概念

例 1　曲边梯形的面积

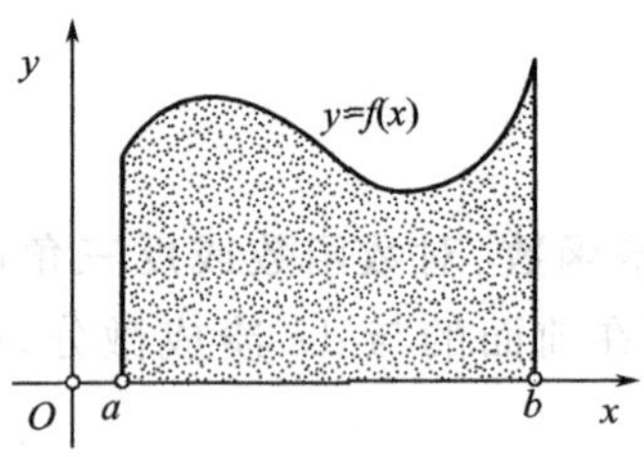

图 4-1

如图 4-1 所示，阴影部分是由曲线 $y=f(x)$（$f(x)>0$），$x=a$，$x=b$ 以及 x 围成的图形，称为曲边梯形，现考虑如何求得其面积 S 。

分析：在区间 $[a,b]$ 内插入 $n-1$ 个分点 $x_1, x_2, \cdots, x_{n-1}$，且令 $x_0=a$，$x_n=b$，则区间 $[a,b]$ 被分成 n 个小闭区间 $[x_0,x_1]$，$[x_1,x_2]$，…，$[x_{n-1},x_n]$，这些小闭区间的长度分别记为 $\Delta x_1=x_1-x_0$，$\Delta x_2=x_2-x_1$，…，$\Delta x_n=x_n-x_{n-1}$，并且记

$$\Delta x=\max\{\Delta x_1,\Delta x_2,\cdots,\Delta x_n\}$$

过各个分点作垂直于 x 轴的直线，将曲边梯形分成 n 个小曲边梯形，这 n 个小曲边梯形的面积分别记为 S_1，S_2，…，S_n 。

显然，所求曲边梯形的面积 S 等于这 n 个小曲边梯形的面积之和，即

$$S=S_1+S_2+\cdots+S_n$$

在每个小闭区间 $[x_0,x_1]$，$[x_1,x_2]$，…，$[x_{n-1},x_n]$ 内任取一点，分别记为 ξ_1，ξ_2，…，ξ_n，则函数 $y=f(x)$ 在这些点处的函数值为 $f(\xi_1)$，$f(\xi_2)$，…，$f(\xi_n)$ 。

以 Δx_i 为底，$f(\xi_i)$ 为高的小矩形面积记为 $S'_i=\Delta x_i f(\xi_i)$，可以看出，当 Δx_i 很小时，对应的小曲边梯形的面积 $S_i \approx S'_i$，其中 $i=1,2,\cdots,n$，所以有

$S=S_1+S_2+\cdots+S_n \approx S'_1+S'_2+\cdots+S'_n=\Delta x_1 f(\xi_1)+\Delta x_2 f(\xi_2)+\cdots+\Delta x_n f(\xi_n)$，

即 $S \approx \sum\limits_{i=1}^{n} \Delta x_i f(\xi_i)$

把各个小区间分割得足够小，即最大的长度 $\Delta x \to 0$，极限 $\lim\limits_{\Delta x\to 0}\sum\limits_{i=1}^{n}\Delta x_i f(\xi_i)$ 即为曲边梯形的面积，即

$$S=\lim_{\Delta x\to 0}\sum_{i=1}^{n}\Delta x_i f(\xi_i)。$$

例 2　做变速运动的质点经过的路程

求速度为 $v(t)$ 的质点在时间 $[a,b]$ 内经过的路程 S 。

分析:类似例 1,把时间 $[a,b]$ 分成 n 个小区间 $[t_{i-1},t_i]$(其中 $i=1,2,\cdots,n$),记 $\Delta t_i=t_i-t_{i-1}$, $\Delta t=\max\{\Delta t_1,\Delta t_2,\cdots,\Delta t_n\}$,在每个小区间上,由于时间很短,质点的速度变化不大,因而任取各个小区间上的一个速度 $v(\xi_i)$ (其中 $\xi_i\in[t_{i-1},t_i]$)当成质点在这个区间上的平均速度,可以求得在时间 $[t_{i-1},t_i]$ 内质点经过的路程为 $S_i\approx\Delta t_i v(\xi_i)$,所以

$$S\approx\sum_{i=1}^{n}\Delta t_i v(\xi_i)$$

对上式取极限即得路程

$$S\approx\lim_{\Delta t\to 0}\sum_{i=1}^{n}\Delta t_i v(\xi_i)$$

以上问题背景尽管不一样,但求解方法与步骤却是一样的:分割区间——取近似值——求近似和——取极限。这种求解问题的方法与步骤在很多实际问题中有着应用。

定义 4-3(定积分)　设 $y=f(x)$ 是定义在 $[a,b]$ 上的一个函数,将区间 $[a,b]$ 分成 n 个小闭区间 $[x_0,x_1]$, $[x_1,x_2]$,…, $[x_{n-1},x_n]$,区间长度分别为 Δx_i ($i=1,2,\cdots,n$),在每个小闭区间上任取一点 ξ_i ($i=1,2,\cdots,n$),作和式 $\sum\limits_{i=1}^{n}\Delta x_i f(\xi_i)$,若对于所有的和式 $\sum\limits_{i=1}^{n}\Delta x_i f(\xi_i)$,当对应的 $\Delta x=\max\{\Delta x_1,\Delta x_2,\cdots,\Delta x_n\}\to 0$ 时,其极限都存在且相等,则称函数 $y=f(x)$ 在区间 $[a,b]$ 上可积,并称极限 $\lim\limits_{\Delta x\to 0}\sum\limits_{i=1}^{n}\Delta x_i f(\xi_i)$ 为 $y=f(x)$ 在 $[a,b]$ 上的定积分,记为

$$\int_a^b f(x)\mathrm{d}x=\lim_{\Delta x\to 0}\sum_{i=1}^{n}\Delta x_i f(\xi_i)$$

其中 $f(x)$ 称为被积函数, x 称为积分变量, $f(x)\mathrm{d}x$ 称为被积表达式, $[a,b]$ 称为积分区间, a 、b 分别称为积分下限、积分上限, $\int$ 称为积分符号。

根据定积分的定义,例 1 中的曲边梯形面积可以记成 $S=\int_a^b f(x)\mathrm{d}x$,例 2 中的路程可以记成 $S=\int_{t_1}^{t_2}v(t)\mathrm{d}t$ 。

二、定积分的性质

性质 1　如果函数 u 、v 在闭区间 $[a,b]$ 上都可积,则函数 $u\pm v$ 在 $[a,b]$ 上也可积,且有 $\int_a^b(u\pm v)\mathrm{d}x=\int_a^b u\mathrm{d}x\pm\int_a^b v\mathrm{d}x$ 。

性质 2　如果函数 u 在闭区间 $[a,b]$ 上可积, k 为常数,则函数 ku 在 $[a,b]$ 上也可积,且有 $\int_a^b ku\mathrm{d}x=k\int_a^b u\mathrm{d}x$ 。

性质 3(区间可加性)　如果函数 u 在闭区间 $[a,b]$ 上可积, $c\in(a,b)$,则函数 u 在

$[a,c]$ 和 $[c,b]$ 上都可积，且有 $\int_a^b u\mathrm{d}x=\int_a^c u\mathrm{d}x+\int_c^b u\mathrm{d}x$。

根据定积分的定义，$\int_a^b f(x)\mathrm{d}x$ 只有当 $a<b$ 时才有意义，但为了运用上的方便，做出以下规定：

规定 1 $\int_a^a f(x)\mathrm{d}x=0$；

规定 2 $\int_b^a f(x)\mathrm{d}x=-\int_a^b f(x)\mathrm{d}x$。

【课堂练习 4-5】

1. 已知 $\int_0^1 x\mathrm{d}x=\frac{1}{2}$，$\int_0^1 x^2\mathrm{d}x=\frac{1}{3}$，求 $\int_0^1 5x\mathrm{d}x$、$\int_0^1(x+x^2)\mathrm{d}x$ 和 $\int_0^1(3x-2x^2)\mathrm{d}x$。

2. 已知 $\int_0^1 x^2\mathrm{d}x=\frac{1}{3}$，$\int_1^3 x^2\mathrm{d}x=\frac{26}{3}$，求 $\int_0^3 x^2\mathrm{d}x$ 和 $\int_3^0(-3x^2)\mathrm{d}x$。

第六节　定积分的运算

在定积分的定义中，虽然给出了计算定积分的方法，但要通过其计算定积分一般是很困难的，下面介绍的牛顿-莱布尼茨公式是计算定积分的一个有效方法，同时也把定积分与不定积分联系起来。

如果函数 $f(x)$ 在闭区间 $[a,b]$ 连续，且存在原函数 $F(x)$，则定积分

$$\int_a^b f(x)\mathrm{d}x=F(b)-F(a),$$

这称为牛顿-莱布尼茨公式，也常写成

$$\int_a^b f(x)\mathrm{d}x=F(x)\Big|_a^b$$

此公式说明：如果要计算一个函数的定积分，只需要求得这个函数的一个原函数，再把积分上、下限分别代入其中，并相减，即可得到要计算的定积分，此公式把定积分的计算转换为求原函数(或不定积分)和求函数值的差的问题。

例 1 求定积分 $\int_1^3(5x+3)\mathrm{d}x$。

解：
$$\begin{aligned}\int_1^3(4x+3)\mathrm{d}x&=(2x^2+3x)\Big|_1^3\\&=(2\times3^2+3\times3)-(2\times1^2+3\times1)\\&=27-5=22\end{aligned}$$

例 2 求定积分 $\int_{-1}^2(\mathrm{e}^x+3x)\mathrm{d}x$。

解：
$$\begin{aligned}\int_{-1}^2(\mathrm{e}^x+3x)\mathrm{d}x&=\left(\mathrm{e}^x+\frac{3x^2}{2}\right)\Big|_{-1}^2\\&=\left(\mathrm{e}^2+\frac{3\times2^2}{2}\right)-\left(\mathrm{e}^{-1}+\frac{3\times(-1)^2}{2}\right)\end{aligned}$$

$$=(e^2+6)-\left(\frac{1}{e}+\frac{3}{2}\right)$$

$$=e^2-\frac{1}{e}+\frac{9}{2}$$

例 3　求定积分 $\int_0^3 \frac{1}{x+2}dx$ 。

解： $\int_0^3 \frac{1}{x+2}dx=\int_0^3 \frac{1}{x+2}d(x+2)$

$$=\ln|x+2|\,\big|_0^3$$

$$=\ln|3+2|-\ln|0+2|$$

$$=\ln5-\ln2$$

例 4　求定积分 $\int_e^{e^2} \frac{\ln x}{x}dx$ 。

解： $\int_e^{e^2} \frac{\ln x}{x}dx=\int_e^{e^2}\ln x\cdot\frac{1}{x}dx$

$$=\int_e^{e^2}\ln x\,d(\ln x)$$

$$=\frac{\ln^2 x}{2}\,\Big|_e^{e^2}$$

$$=\frac{\ln^2 e^2}{2}-\frac{\ln^2 e}{2}$$

$$=\frac{4}{2}-\frac{1}{2}$$

$$=\frac{3}{2}$$

例 5　求定积分 $\int_0^3 x\sqrt{x+1}\,dx$ 。

解： 令 $t=\sqrt{x+1}$ ，则 $x=t^2-1$，当 $x=0$ 时，$t=1$，$x=3$ 时，$t=2$ 有

$$\int_0^3 x\sqrt{x+1}\,dx=\int_1^2 (t^2-1)t\,d(t^2-1)$$

$$=\int_1^2 (t^2-1)t\cdot 2t\,dt$$

$$=2\int_1^2 (t^4-t^2)dt$$

$$=2\left(\frac{t^5}{5}-\frac{t^3}{3}\right)\Big|_1^2$$

$$=2\left(\frac{2^5}{5}-\frac{2^3}{3}\right)-2\left(\frac{1^5}{5}-\frac{1^3}{3}\right)$$

$$=\frac{64}{5}-\frac{16}{3}-\frac{2}{5}+\frac{2}{3}$$

$$=\frac{116}{15}$$

此处使用了换元法，在定积分计算过程中使用换元法须注意以下两点：

(1)当变量改变(换元)时，对应的上下限一般也跟着改变；

(2)以新的变量求得不定积分后，不用再换回原来的变量，而是可以直接代入即可算得定积分.

类似地，在定积分的计算中，也可以使用分部积分法。

例 6 求定积分 $\int_1^2 x e^x \mathrm{d}x$ 。

解：
$$\begin{aligned}\int_1^2 x e^x \mathrm{d}x &= \int_1^2 x \mathrm{d}(e^x) \\ &= x e^x \Big|_1^2 - \int_1^2 e^x \mathrm{d}x \\ &= (2e^2 - 1e^1) - e^x \Big|_1^2 \\ &= 2e^2 - e - (e^2 - e^1) \\ &= e^2\end{aligned}$$

例 7 计算 $\int_0^5 |x-2| \mathrm{d}x$ 。

解：
$$\begin{aligned}\int_0^5 |x-2| \mathrm{d}x &= \int_0^2 |x-2| \mathrm{d}x + \int_2^5 |x-2| \mathrm{d}x \quad \text{(根据区间可加性)} \\ &= \int_0^2 (2-x)\mathrm{d}x + \int_2^5 (x-2)\mathrm{d}x \\ &= \left(2x - \frac{x^2}{2}\right)\Big|_0^2 + \left(\frac{x^2}{2} - 2x\right)\Big|_2^5 \\ &= \left(2\times 2 - \frac{2^2}{2}\right) - \left(2\times 0 - \frac{0^2}{2}\right) + \left(\frac{5^2}{2} - 2\times 5\right) - \left(\frac{2^2}{2} - 2\times 2\right) \\ &= \frac{13}{2}\end{aligned}$$

【课堂练习 4-6】

1. 求定积分 $\int_1^2 (2x-3)\mathrm{d}x$ 。

2. 求定积分 $\int_{-1}^1 (e^x - x)\mathrm{d}x$ 。

3. 求定积分 $\int_1^2 \frac{1}{2x-3}\mathrm{d}x$ 。

4. 求定积分 $\int_1^2 \frac{e^{\frac{1}{x}}}{x^2}\mathrm{d}x$ 。

5. 求定积分 $\int_0^3 x\sqrt{x^2+1}\,\mathrm{d}x$ 。

6. 求定积分 $\int_{-1}^1 x e^{-x} \mathrm{d}x$ 。

7. 计算 $\int_0^3 |3x-5| \mathrm{d}x$ 。

第七节　定积分的应用

对于不规则图形的面积，常用定积分进行计算。根据定积分的定义，如果函数 $f(x)$ 在区间 $[a,b]$ 上有定义，且 $f(x)>0$，那么由 $f(x)$，$x=a$，$x=b$ 以及 x 轴围成的图形的面积 $S=\int_a^b f(x)\mathrm{d}x$。

观察以下图形，如何求得它们的面积？

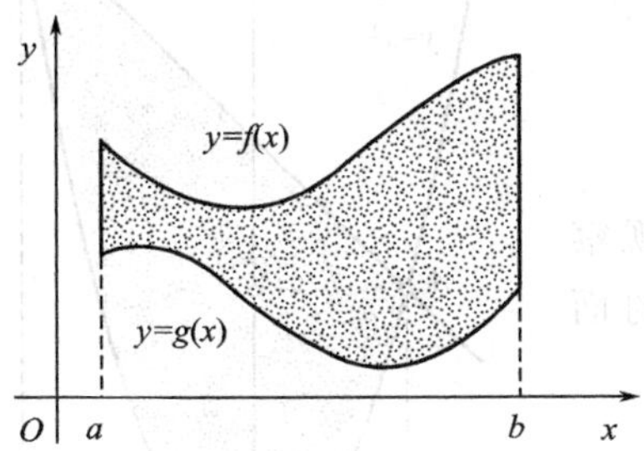

图 4-2

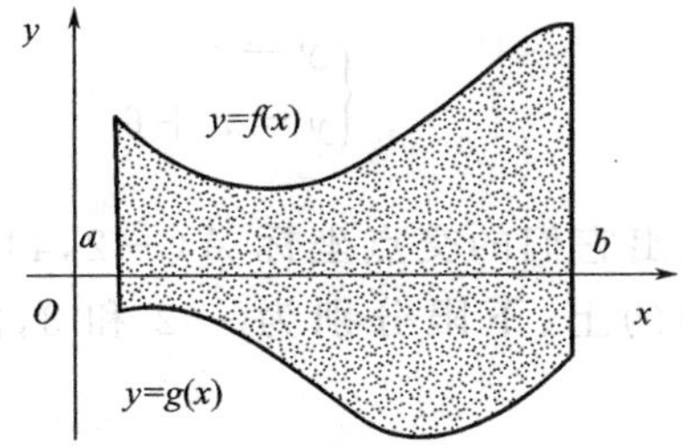

图 4-3

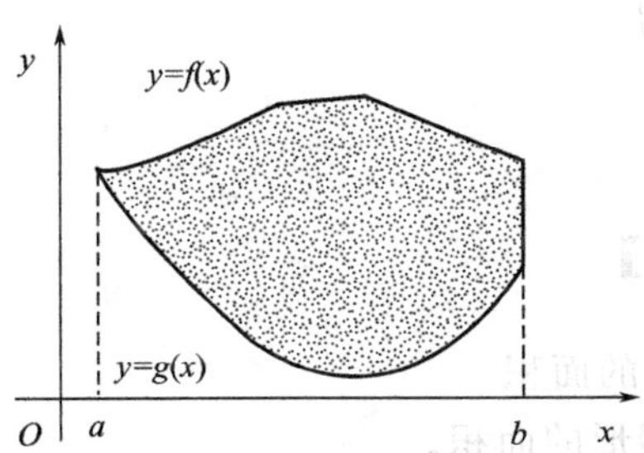

图 4-4

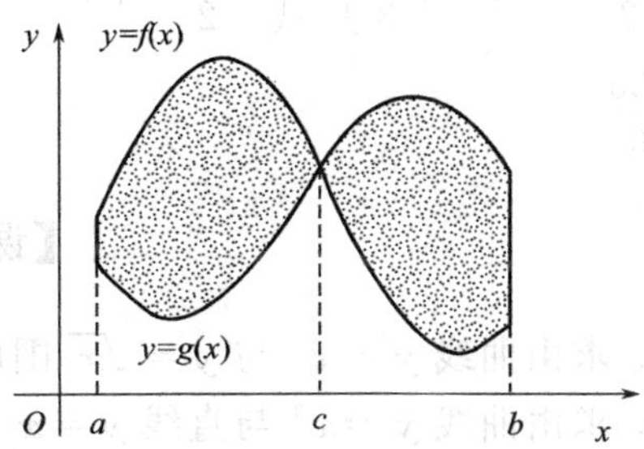

图 4-5

根据定积分的定义，观察可以得知：

图 4-2 阴影部分的面积为 $S_1=\int_a^b f(x)\mathrm{d}x-\int_a^b g(x)\mathrm{d}x=\int_a^b [f(x)-g(x)]\mathrm{d}x$

图 4-3 阴影部分的面积为 $S_2=\int_a^b f(x)\mathrm{d}x+\int_a^b [-g(x)]\mathrm{d}x=\int_a^b [f(x)-g(x)]\mathrm{d}x$

图 4-4 阴影部分的面积为 $S_3=\int_a^b f(x)\mathrm{d}x-\int_a^b g(x)\mathrm{d}x=\int_a^b [f(x)-g(x)]\mathrm{d}x$

图 4-5 阴影部分的面积为 $S_4=\int_a^c [f(x)-g(x)]\mathrm{d}x+\int_c^b [g(x)-f(x)]\mathrm{d}x$

$$=\int_a^c |f(x)-g(x)|\mathrm{d}x+\int_c^b |g(x)-f(x)|\mathrm{d}x$$

$$=\int_a^c |f(x)-g(x)|\mathrm{d}x+\int_c^b |f(x)-g(x)|\mathrm{d}x$$

$$=\int_a^b |f(x)-g(x)|\,dx$$

一般地，由两条曲线 $f(x)$ 与 $g(x)$，以及两条直线 $x=a$，$x=b$（其中 $a<b$）围成的平面图形，其面积计算公式为

$$S=\int_a^b |f(x)-g(x)|\,dx$$

例 求由抛物线 $y=x^2$ 与直线 $y=x+6$ 围成的平面图形的面积。

解：画出抛物线 $y=x^2$ 与直线 $y=x+6$ 围成的平面图形（如图 4-6 所示），解方程组

$$\begin{cases} y=x^2 \\ y=x+6 \end{cases},$$

求出它们的交点坐标 $A(-2,4)$，$B(3,9)$，观察得积分的上、下限分别为 -2 和 3，故所求图形的面积为

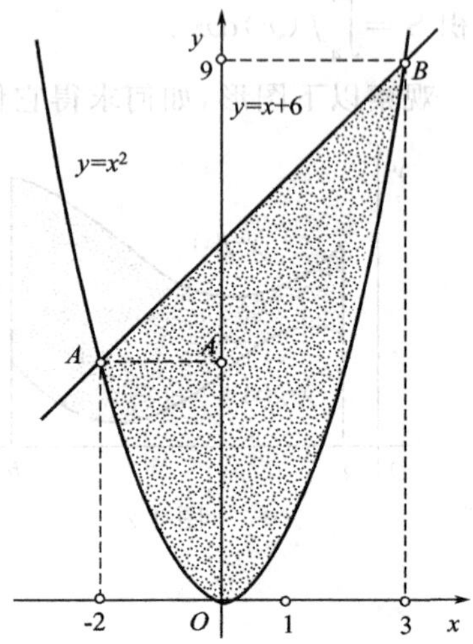

图 4-6

$$S=\int_{-2}^{3}(x+6-x^2)\,dx$$

$$=\left(\frac{x^2}{2}+6x-\frac{x^3}{3}\right)\Big|_{-2}^{3}$$

$$=\left(\frac{3^2}{2}+6\times3-\frac{3^3}{3}\right)-\left(\frac{(-2)^2}{2}+6\times(-2)-\frac{(-2)^3}{3}\right)$$

$$=\frac{125}{6}$$

【课堂练习 4-7】

1. 求由曲线 $y=x^2$ 与 $y=\sqrt{x}$ 围成的平面图形的面积。
2. 求由曲线 $y=x^3$ 与直线 $y=x$ 围成的平面图形的面积。

复习题四

一、填空题

1. x^2 是函数________的一个原函数。
2. x^3 的一个原函数是________。
3. 设 $f(x)$ 的一个原函数是 $F(x)$，则 $\int f(x)\,dx=$________。
4. $(\int \arctan x\,dx)'=$________。
5. $\int d(\sin x)=$________。

6. $x\mathrm{d}x =$ ________ $\mathrm{d}(x^2+1)$。

7. 若 $\int f(x)\mathrm{d}x = \sin x + C$，则 $\int f(ax+b)\mathrm{d}x =$ ________。

8. $\int x\mathrm{e}^{-x}\mathrm{d}x =$ ________。

9. $\int x\cos 2x\mathrm{d}x =$ ________。

10. 设 $\int_1^2 f(x)\mathrm{d}x = 3$，$\int_1^{-2} f(x)\mathrm{d}x = 4$，则 $\int_{-2}^2 f(x)\mathrm{d}x =$ ________。

二、选择题

1. 设 $x+\tan 2x$ 是 $f(x)$ 的一个原函数，则 $\int f'(x)\mathrm{d}x =$（　　）。

A. $\sec^2 2x + C$　　　　B. $\frac{1}{2}x^2 + \frac{1}{2}\ln|\cos 2x| + C$

C. $x + \tan 2x + C$　　　　D. $2\sec^2 2x + C$

2. 设 $f(x)$ 的一个原函数为 $\frac{1}{x}$，则 $f'(x) =$（　　）。

A. $\ln|x|$　　B. $\frac{1}{x}$　　C. $-\frac{1}{x^2}$　　D. $\frac{2}{x^3}$

3. $[\int f'(x)\mathrm{d}x]' =$（　　）。

A. $f(x)$　　　　B. $f'(x)$

C. $f'(x) + C$　　　　D. $f(x) + C$

4. $\int(3^x + x^3)\mathrm{d}x =$（　　）。

A. $3^x\ln 3 + \frac{x^4}{4} + C$　　　　B. $x3^{x-1} + 3x^2 + C$

C. $\frac{3^x}{\ln 3} + 3x^2 + C$　　　　D. $\frac{3^x}{\ln 3} + \frac{x^4}{4} + C$

5. $\int_0^1 \sqrt{1-x^2}\mathrm{d}x =$（　　）。

A. $\frac{\pi}{4}$　　　　B. π

C. $\frac{\pi}{2}$　　　　D. 2π

6. 设 $f(x)$ 为可导函数，以下各式正确的是（　　）。

A. $\int f(x)\mathrm{d}x = f(x)$　　　　B. $\int f'(x)\mathrm{d}x = f(x)$

C. $[\int f(x)\mathrm{d}x]' = f(x)$　　　　D. $[\int f(x)\mathrm{d}x]' = f(x) + C$

7. 定积分 $\int_a^b f(x)\mathrm{d}x$ 是（　　）。

A. $f(x)$ 的一个原函数　　　　B. $f(x)$ 的全体原函数

C. 任意常数　　D. 确定常数

8. $\int \sin 2x \, dx =$（　　）。

A. $\cos 2x + C$　　B. $-\cos 2x + C$

C. $\frac{1}{2}\cos 2x + C$　　D. $-\frac{1}{2}\cos 2x + C$

9. $\int e^{\sin x} \cos x \, dx =$（　　）。

A. $-e^{\sin x} + C$　　B. $e^{\sin x} + C$

C. $\sin x \, e^{\sin x} + C$　　D. $\frac{1}{2}e^{\sin x} + C$

10. $\int \frac{\ln x}{x} dx =$（　　）。

A. $2\ln|\ln x| + C$　　B. $\frac{1}{2}(\ln x)^2 + C$

C. $2(\ln x)^2 + C$　　D. $\frac{1}{2}\ln|\ln x| + C$

11. $\int \frac{x}{1+x} dx =$（　　）。

A. $\ln|1+x| + C$　　B. $x - \ln|1+x| + C$

C. $x - \tan x + C$　　D. $-x - \arctan x + C$

12. $\int_1^2 \frac{1}{2x-1} dx =$（　　）。

A. $\ln 3$　　B. $2\ln 3$

C. $\frac{1}{2}\ln 3$　　D. $-\frac{1}{2}\ln 3$

13. $\int x \, d(\cos x) =$（　　）。

A. $x\cos x - \sin x + C$　　B. $x\cos x + \sin x + C$

C. $x\sin x - \sin x + C$　　D. $x\cos x + \cos x + C$

14. $\int x \, d(e^{-x}) =$（　　）。

A. $xe^{-x} + C$　　B. $-xe^{-x} + C$

C. $xe^{-x} + e^{-x} + C$　　D. $xe^{-x} - e^{-x} + C$

15. $\int \ln \frac{x}{2} dx =$（　　）。

A. $x\ln\frac{x}{2} - 2x + C$　　B. $x\ln\frac{x}{2} - 4x + C$

C. $x\ln\frac{x}{2} - x + C$　　D. $x\ln\frac{x}{2} + x + C$

16. 若 $\int_1^b \ln x \, dx = 1$，则 $b =$（　　）。

A. e　　B. $-e$　　C. 1　　D. -1

17. 若 $\int_0^1 x e^x dx =$（　　）。

A. 1　　B. -1　　C. e　　D. $-e$

18. 若 $\int_1^e x \ln x dx =$（　　）。

A. $\frac{1}{4}(1+e^2)$　　B. $\frac{1}{4}(1-e^2)$

C. $\frac{1}{2}(1+e^2)$　　D. $\frac{1}{2}(1-e^2)$

19. 设函数 $f(x)$ 在区间 $[a,b]$ 上连续，则曲线 $y=f(x)$ 与直线 $x=a$，$x=b$ 所围图形的面积 $S=$（　　）。

A. $\int_a^b f(x)dx$　　B. $\left|\int_a^b f(x)dx\right|$

C. $f'(\xi)(b-a)$　　D. $\int_a^b |f(x)|dx$

20. 由 $y=f(x)$，$y=g(x)$，$x=a$，$x=b$ 所围成的平面图形面积 $S=$（　　）。

A. $\int_a^b [f(x)-g(x)]dx$　　B. $\int_a^b [g(x)-f(x)]dx$

C. $\int_a^b |f(x)-g(x)|dx$　　D. $\int_a^b |f(x)|-|g(x)|dx$

三、计算题

1. 求下列不定积分：

(1) $\int \frac{dx}{x^2}$；　　(2) $\int \frac{dx}{x^2\sqrt{x}}$；

(3) $\int (x-2)^2 dx$；　　(4) $\int \frac{x^2}{1+x^2}dx$；

(5) $\int \frac{2\cdot 3^x - 5\cdot 2^x}{3^x}dx$；　　(6) $\int \frac{\cos 2x}{\cos^2 x \sin^2 x}dx$；

(7) $\int (2e^x + \frac{3}{x})dx$；　　(8) $\int (1-\frac{1}{x^2})\sqrt{x\sqrt{x}}\,dx$。

2. 求下列不定积分：

(1) $\int (3-2x)^3 dx$；　　(2) $\int \frac{dx}{\sqrt[3]{2-3x}}$；

(3) $\int \frac{\sin\sqrt{t}}{\sqrt{t}}dt$；　　(4) $\int \frac{dx}{x\ln x \ln(\ln x)}$；

(5) $\int \frac{dx}{\cos x \sin x}$；　　(6) $\int \frac{dx}{e^x + e^{-x}}$；

(7) $\int x\cos(x^2)dx$；　　(8) $\int \frac{3x^3}{1-x^4}dx$；

(9) $\int \frac{\sin x}{\cos^3 x}dx$；　(10) $\int \frac{1-x}{\sqrt{9-4x^2}}dx$；

(11) $\int \frac{dx}{2x^2-1}$；　(12) $\int \cos^3 x dx$；

(13) $\int \sin 2x \cos 3x dx$；　(14) $\int \tan^3 x \sec x dx$；

(15) $\int \frac{x^3}{9+x^2}dx$；　(16) $\int \frac{1}{3\cos^2 x+4\sin^2 x}dx$；

(17) $\int \frac{10^{2\arccos x}}{\sqrt{1-x^2}}dx$；　(18) $\int \frac{\arctan\sqrt{x}}{\sqrt{x}(1+x)}dx$。

3. 求下列不定积分：

(1) $\int \frac{1}{x\sqrt{1+x^2}}dx$；　(2) $\int \sin\sqrt{x}dx$；

(3) $\int \frac{\sqrt{x^2-4}}{x}dx$；　(4) $\int \frac{x^2}{\sqrt{a^2-x^2}}dx,(a>0)$；

(5) $\int \frac{dx}{\sqrt{(x^2+1)^3}}$；　(6) $\int \frac{dx}{1+\sqrt{2x}}$；

(7) $\int \frac{dx}{x+\sqrt{1-x^2}}$；　(8) $\int \frac{dx}{1+\sqrt{1-x^2}}$。

4. 求下列不定积分：

(1) $\int x\sin x dx$；　(2) $\int \arcsin x dx$；

(3) $\int x^2 \ln x dx$；　(4) $\int e^{-2x}\sin\frac{x}{2}dx$；

(5) $\int x^2 \arctan x dx$；　(6) $\int x^2 \cos x dx$；

(7) $\int \ln^2 x dx$；　(8) $\int x^2 \cos^2\frac{x}{2}dx$。

5. 求下列不定积分：

(1) $\int \frac{x^3}{x+3}dx$；　(2) $\int \frac{2x+3}{x^2+3x-10}dx$；

(3) $\int \frac{dx}{x(x^2+1)}$；　(4) $\int \frac{3x^4+3x^2+1}{1+x^2}dx$。

四、解答题

1. 求曲线 $y=\frac{1}{x}$，$y=x$，$x=2$ 所围成的平面图形的面积。

2. 求由抛物线 $y=x^2-8$ 和 $y=-x^2$ 所围成的平面图形的面积。

3. 求由曲线 $y=\sqrt{x}$ 与 $y=1$，$x=4$ 所围成的平面图形面积。

附录一 基础知识及常用积分公式

一、基础知识

1. 常用初等代数公式

(1) 一元二次方程 $ax^2+bx+c=0$

① 根的判别式 $\Delta=b^2-4ac$，根存在的情况与判别式的关系如下：

当 $\Delta>0$ 时，方程有两个相异实根；

当 $\Delta=0$ 时，方程有两个相等实根；

当 $\Delta<0$ 时，方程无实根，此时有两个共扼复根。

② 求根公式 $x_{1,2}=\dfrac{-b\pm\sqrt{b^2-4ac}}{2a}$。

(2) 指数的运算性质

① 同底幂的积：$a^m\cdot a^n=a^{m+n}$。

②同底幂的商：$\dfrac{a^m}{a^n}=a^{m-n}$。

③幂的幂：$(a^m)^n=a^{mn}$。

④乘积的幂：$(a\cdot b)^m=a^m\cdot b^m$。

⑤ 商的幂：$\left(\dfrac{a}{b}\right)^m=\dfrac{a^m}{b^m}$。

(3) 对数的运算性质

① 与指数的关系：若 $a^y=x$，则 $y=\log_a x$。

② 常见对数式：$\log_a a=1$，$\log_a 1=0$，$\ln e=1$，$\ln 1=0$。

③ 两数积的对数：$\log_a(x\cdot y)=\log_a x+\log_a y$。

④ 两数商的对数：$\log_a \dfrac{x}{y}=\log_a x-\log_a y$。

⑤ 幂的对数：$\log_a x^b=b\cdot\log_a x$。

⑥ 常用对数恒等式：$a^{\log_a x}=x$，$e^{\ln x}=x$。

⑦ 对数换底公式：$\log_a b = \dfrac{\lg b}{\lg a} = \dfrac{\ln b}{\ln a}$ 。

（4）常用二项展开式及分解公式

① $(a \pm b)^2 = a^2 \pm 2ab + b^2$。

② $(a \pm b)^3 = a^3 \pm 3a^2 b + 3ab^2 \pm b^3$。

③ $a^2 - b^2 = (a+b)(a-b)$。

④ $a^3 \pm b^3 = (a \pm b)(a^2 \mp ab + b^2)$ 。

⑤ $a^n - b^n = (a-b)(a^{n-1} + a^{n-2}b + a^{n-3}b^2 + \cdots + ab^{n-2} + b^{n-1})$ 。

⑥ $(a+b)^n = C_n^0 a^n + C_n^1 a^{n-1} b + C_n^2 a^{n-2} b^2 + \cdots + C_n^k a^{n-k} b^k + \cdots + C_n^n b^n$ ，

其中 $C_n^0 = C_n^n = 1, C_n^k = \dfrac{n(n-1)(n-2)\cdots(n-k+1)}{m!}$ ，阶乘 $m! = m(m-1)(m-2)\cdots 2 \times 1$。

（5）常用不等式及运算性质

① 若 $a > b$ ，则有以下不等式成立：

$a \pm c > b \pm c$ ；

$ac > bc(c > 0)$ ，$ac < bc(c < 0)$ ；

$\dfrac{a}{c} > \dfrac{b}{c}(c > 0)$ ，$\dfrac{a}{c} < \dfrac{b}{c}(c < 0)$ ；

$a^n > b^n(n > 0, a > 0, b > 0)$ ，$a^n < b^n(n < 0, a > 0, b > 0)$ ；

$\sqrt[n]{a} > \sqrt[n]{b}(n \in Z^+, a > 0, b > 0)$ 。

② 对于任意实数 a ，b ，有以下不等式成立：

$|a| - |b| \leqslant |a+b| \leqslant |a| + |b|$ ，

$a^2 + b^2 \geqslant 2ab$ 。

（6）常用数列公式

① 等差数列：首项 a_1，通项 a_n ，公差 d ，项数 n ，前 n 项和 s_n ，则有如下式子成立：

$a_{n-1} = a_1 + (n-1)d$ ，$s_n = \dfrac{(a_1 + a_n)}{2} \cdot n = \dfrac{a_1 + [a_1 + (n-1)d]}{2} \cdot n$ 。

② 等比数列：首项 a_1，通项 a_n ，公比 q ，项数 n ，前 n 项和 s_n ，则有如下式子成立：

$a_{n-1} = a_1 \cdot q^{n-1}$ ，$s_n = \dfrac{a_1(1-q^n)}{1-q}$ 。

③ 一些常见数列的前 n 项和：

$1 + 2 + 3 + \cdots + n = \dfrac{1}{2}n(n+1)$ ；

$2 + 4 + 6 + \cdots + 2n = n(n+1)$ ；

$1 + 3 + 5 + \cdots + (2n-1) = n^2$；

$1^2 + 2^2 + 3^2 + \cdots + n^2 = \dfrac{1}{6}n(n+1)(2n+1)$ ；

$$1^2+3^2+5^2+\cdots+(2n-1)^2=\frac{1}{3}n(4n^2-1);$$

$$1\cdot 2+2\cdot 3+3\cdot 4+\cdots+n(n+1)=\frac{1}{3}n(n+1)(n+2);$$

$$\frac{1}{1\cdot 2}+\frac{1}{2\cdot 3}+\frac{1}{3\cdot 4}+\cdots+\frac{1}{n(n+1)}=1-\frac{1}{n+1}。$$

2. 常用三角基本公式

(1) 平方公式

$\sin^2 x+\cos^2 x=1$; $1+\tan^2 x=\sec^2 x$; $1+\cot^2 x=\csc^2 x$ 。

(2) 倍角公式

$\sin 2x=\sin x\cos x$;

$\cos 2x=\cos^2 x-\sin^2 x=1-2\sin^2 x=2\cos^2 x-1$;

$$\tan 2x=\frac{2\tan x}{1-\tan^2 x}。$$

(3) 半角公式

$$\sin^2\frac{x}{2}=\frac{1-\cos x}{2};\ \cos^2\frac{x}{2}=\frac{1+\cos x}{2};\ \tan\frac{x}{2}=\frac{1-\cos x}{\sin x}。$$

(4) 加法公式

$\sin(x\pm y)=\sin x\cos y\pm\cos x\sin y$;

$\cos(x\pm y)=\cos x\cos y\mp\sin x\sin y$;

$$\tan(x\pm y)=\frac{\tan x\pm\tan y}{1\mp\tan x\tan y}。$$

(5) 和差化积公式

$$\sin x+\sin y=2\sin\frac{x+y}{2}\cos\frac{x-y}{2};$$

$$\sin x-\sin y=2\cos\frac{x+y}{2}\sin\frac{x-y}{2};$$

$$\cos x+\cos y=2\cos\frac{x+y}{2}\cos\frac{x-y}{2};$$

$$\cos x-\cos y=-2\sin\frac{x+y}{2}\sin\frac{x-y}{2}。$$

(6) 积化和差公式

$$\sin x\cos y=\frac{1}{2}[\sin(x+y)+\sin(x-y)];$$

$$\cos x\sin y=\frac{1}{2}[\sin(x+y)-\sin(x-y)];$$

$$\cos x\cos y=\frac{1}{2}[\cos(x+y)+\cos(x-y)];$$

$\sin x \sin y = -\frac{1}{2}[\cos(x+y) - \cos(x-y)]$。

二、常用积分公式

1. 含有 $ax+b$ 的形式

(1) $\int \frac{dx}{ax+b} = \frac{1}{a}\ln|ax+b| + C$

(2) $\int (ax+b)^{\mu} dx = \frac{1}{a(\mu+1)}(ax+b)^{\mu+1} + C(\mu \neq -1)$

(3) $\int \frac{x}{ax+b} dx = \frac{1}{a^2}(ax+b-b\ln|ax+b|) + C$

(4) $\int \frac{x^2}{ax+b} dx = \frac{1}{a^3}[\frac{1}{2}(ax+b)^2 - 2b(ax+b) + b^2\ln|ax+b|] + C$

(5) $\int \frac{dx}{x(ax+b)} = -\frac{1}{b}\ln\left|\frac{ax+b}{x}\right| + C$

(6) $\int \frac{dx}{x^2(ax+b)} = -\frac{1}{bx} + \frac{a}{b^2}\ln\left|\frac{ax+b}{x}\right| + C$

(7) $\int \frac{x}{(ax+b)^2} dx = \frac{1}{a^2}(\ln|ax+b| + \frac{b}{ax+b}) + C$

(8) $\int \frac{x^2}{(ax+b)^2} dx = \frac{1}{a^3}(ax+b-2b\ln|ax+b| - \frac{b^2}{ax+b}) + C$

(9) $\int \frac{dx}{x(ax+b)^2} = \frac{1}{b(ax+b)} - \frac{1}{b^2}\ln\left|\frac{ax+b}{x}\right| + C$

2. 含有 $\sqrt{ax+b}$ 的形式

(1) $\int \sqrt{ax+b}\, dx = \frac{2}{3a}\sqrt{(ax+b)^3} + C$

(2) $\int x\sqrt{ax+b}\, dx = \frac{2}{15a^2}(3ax-2b)\sqrt{(ax+b)^3} + C$

(3) $\int \frac{x}{\sqrt{ax+b}} dx = \frac{2}{3a^2}(ax-2b)\sqrt{ax+b} + C$

3. 含有 $x^2 \pm a^2$ 的形式

(1) $\int \frac{dx}{x^2+a^2} = \frac{1}{a}\arctan\frac{x}{a} + C$

(2) $\int \frac{dx}{x^2-a^2} = \frac{1}{2a}\ln\left|\frac{x-a}{x+a}\right| + C$

4. 含有 $ax^2+b(a>0)$ 的形式

(1) $\int \frac{dx}{ax^2+b}=\begin{cases}\frac{1}{\sqrt{ab}}\arctan\sqrt{\frac{a}{b}}x+C(b>0)\\ \frac{1}{2\sqrt{-ab}}\ln\left|\frac{\sqrt{a}x-\sqrt{-b}}{\sqrt{a}x+\sqrt{-b}}\right|+C(b<0)\end{cases}$

(2) $\int \frac{x}{ax^2+b}dx=\frac{1}{2a}\ln|ax^2+b|+C$

(3) $\int \frac{x^2}{ax^2+b}dx=\frac{x}{a}-\frac{b}{a}\int\frac{dx}{ax^2+b}$

(4) $\int \frac{dx}{x(ax^2+b)}=\frac{1}{2b}\ln\frac{x^2}{|ax^2+b|}+C$

(5) $\int \frac{dx}{x^2(ax^2+b)}=-\frac{1}{bx}-\frac{a}{b}\int\frac{dx}{ax^2+b}$

(6) $\int \frac{dx}{x^3(ax^2+b)}=\frac{a}{2b^2}\ln\frac{|ax^2+b|}{x^2}-\frac{1}{2bx^2}+C$

(7) $\int \frac{dx}{(ax^2+b)^2}=\frac{x}{2b(ax^2+b)}+\frac{1}{2b}\int\frac{dx}{ax^2+b}$

5. 含有 $ax^2+bx+c(a>0)$ 的形式

(1) $\int \frac{dx}{ax^2+bx+c}=\begin{cases}\frac{2}{\sqrt{4ac-b^2}}\arctan\frac{2ax+b}{\sqrt{4ac-b^2}}+C(b^2<4ac)\\ \frac{1}{\sqrt{b^2-4ac}}\ln\left|\frac{2ax+b-\sqrt{b^2-4ac}}{2ax+b+\sqrt{b^2-4ac}}\right|+C(b^2>4ac)\end{cases}$

(2) $\int \frac{x}{ax^2+bx+c}dx=\frac{1}{2a}\ln|ax^2+bx+c|-\frac{b}{2a}\int\frac{dx}{ax^2+bx+c}$

6. 含有 $\sqrt{x^2+a^2}(a>0)$ 的形式

(1) $\int \frac{dx}{\sqrt{x^2+a^2}}=\ln(x+\sqrt{x^2+a^2})+C$

(2) $\int \frac{dx}{(\sqrt{x^2+a^2})^3}=\frac{x}{a^2\sqrt{x^2+a^2}}+C$

(3) $\int \frac{x}{\sqrt{x^2+a^2}}dx=\sqrt{x^2+a^2}+C$

(4) $\int \frac{x}{(\sqrt{x^2+a^2})^3}dx=-\frac{1}{\sqrt{x^2+a^2}}+C$

(5) $\int \frac{x^2}{\sqrt{x^2+a^2}}dx=\frac{x}{2}\sqrt{x^2+a^2}-\frac{a^2}{2}\ln(x+\sqrt{x^2+a^2})+C$

(6) $\int \frac{x^2}{(\sqrt{x^2+a^2})^3}dx = -\frac{x}{\sqrt{x^2+a^2}} + \ln(x+\sqrt{x^2+a^2}) + C$

(7) $\int \frac{dx}{x\sqrt{x^2+a^2}} = \frac{1}{a}\ln\frac{\sqrt{x^2+a^2}-a}{|x|} + C$

(8) $\int \frac{dx}{x^2\sqrt{x^2+a^2}} = -\frac{\sqrt{x^2+a^2}}{a^2x} + C$

(9) $\int \sqrt{x^2+a^2}\,dx = \frac{x}{2}\sqrt{x^2+a^2} + \frac{a^2}{2}\ln(x+\sqrt{x^2+a^2}) + C$

(10) $\int x\sqrt{x^2+a^2}\,dx = \frac{1}{3}\sqrt{(x^2+a^2)^3} + C$

(11) $\int \frac{\sqrt{x^2+a^2}}{x}dx = \sqrt{x^2+a^2} + a\ln\frac{\sqrt{x^2+a^2}-a}{|x|} + C$

(12) $\int \frac{\sqrt{x^2+a^2}}{x^2}dx = -\frac{\sqrt{x^2+a^2}}{x} + \ln(x+\sqrt{x^2+a^2}) + C$

7. 含有$\sqrt{x^2-a^2}$ ($a>0$)的形式

(1) $\int \frac{dx}{\sqrt{x^2-a^2}} = \ln(x+\sqrt{x^2-a^2}) + C$

(2) $\int \frac{dx}{(\sqrt{x^2-a^2})^3} = -\frac{x}{a^2\sqrt{x^2-a^2}} + C$

(3) $\int \frac{x}{\sqrt{x^2-a^2}}dx = \sqrt{x^2-a^2} + C$

(4) $\int \frac{x}{(\sqrt{x^2-a^2})^3}dx = -\frac{1}{\sqrt{x^2-a^2}} + C$

(5) $\int \frac{x^2}{\sqrt{x^2-a^2}}dx = \frac{x}{2}\sqrt{x^2-a^2} + \frac{a^2}{2}\ln(x+\sqrt{x^2-a^2}) + C$

(6) $\int \frac{x^2}{(\sqrt{x^2-a^2})^3}dx = -\frac{x}{\sqrt{x^2-a^2}} + \ln(x+\sqrt{x^2-a^2}) + C$

(7) $\int \frac{dx}{x\sqrt{x^2-a^2}} = \frac{1}{a}\arccos\frac{a}{|x|} + C$

(8) $\int \frac{dx}{x^2\sqrt{x^2-a^2}} = -\frac{\sqrt{x^2-a^2}}{a^2x} + C$

(9) $\int \sqrt{x^2-a^2}\,dx = \frac{x}{2}\sqrt{x^2-a^2} - \frac{a^2}{2}\ln(x+\sqrt{x^2-a^2}) + C$

(10) $\int x\sqrt{x^2-a^2}\,dx = \frac{1}{3}\sqrt{(x^2-a^2)^3} + C$

(11) $\int \frac{\sqrt{x^2-a^2}}{x}dx=\sqrt{x^2-a^2}+a\arccos\frac{a}{|x|}+C$

(12) $\int \frac{\sqrt{x^2-a^2}}{x^2}dx=-\frac{\sqrt{x^2-a^2}}{x}+\ln(x+\sqrt{x^2-a^2})+C$

8. 含有$\sqrt{a^2-x^2}$ $(a>0)$的形式

(1) $\int \frac{dx}{\sqrt{a^2-x^2}}=\arcsin\frac{x}{a}+C$

(2) $\int \frac{dx}{\sqrt{(a^2-x^2)^3}}=\frac{x}{a^2\sqrt{a^2-x^2}}+C$

(3) $\int \frac{x}{\sqrt{a^2-x^2}}dx=-\sqrt{a^2-x^2}+C$

(4) $\int \frac{x}{\sqrt{(a^2-x^2)^3}}dx=\frac{1}{\sqrt{a^2-x^2}}+C$

(5) $\int \frac{x^2}{\sqrt{a^2-x^2}}dx=-\frac{x}{2}\sqrt{a^2-x^2}+\frac{a^2}{2}\arcsin\frac{x}{a}+C$

(6) $\int \frac{x^2}{\sqrt{(a^2-x^2)^3}}dx=\frac{x}{\sqrt{a^2-x^2}}-\arcsin\frac{x}{a}+C$

(7) $\int \frac{dx}{x\sqrt{a^2-x^2}}=\frac{1}{a}\ln\frac{a-\sqrt{a^2-x^2}}{|x|}+C$

(8) $\int \frac{dx}{x^2\sqrt{a^2-x^2}}=-\frac{\sqrt{a^2-x^2}}{a^2x}+C$

(9) $\int \sqrt{a^2-x^2}\,dx=\frac{x}{2}\sqrt{a^2-x^2}+\frac{a^2}{2}\arcsin\frac{x}{a}+C$

(10) $\int x\sqrt{a^2-x^2}\,dx=-\frac{1}{3}\sqrt{(a^2-x^2)^3}+C$

(11) $\int \frac{\sqrt{a^2-x^2}}{x}dx=\sqrt{a^2-x^2}+a\ln\frac{a-\sqrt{a^2-x^2}}{|x|}+C$

(12) $\int \frac{\sqrt{a^2-x^2}}{x^2}dx=-\frac{\sqrt{a^2-x^2}}{x}-\arcsin\frac{x}{a}+C$

9. 含有$\sqrt{\pm ax^2+bx+c}$ $(a>0)$的形式

$\int \frac{dx}{\sqrt{ax^2+bx+c}}=\frac{1}{\sqrt{a}}\ln|2ax+b+2\sqrt{a}\sqrt{ax^2+bx+c}|+C$

10. 含有$\sqrt{\pm\frac{x-a}{x-b}}$或$\sqrt{\pm(x-a)(x-b)}$的形式

(1) $\int \sqrt{\frac{x-a}{x-b}}\,dx=(x-b)\sqrt{\frac{x-a}{x-b}}+(b-a)\ln(\sqrt{|x-a|}+\sqrt{|x-b|})+C$

(2) $\int\sqrt{\frac{x-a}{b-x}}\,dx=(x-b)\sqrt{\frac{x-a}{b-x}}+(b-a)\arcsin\sqrt{\frac{x-a}{b-a}}+C$

(3) $\int\frac{dx}{\sqrt{(x-a)(x-b)}}=2\arcsin\sqrt{\frac{x-a}{b-a}}+C(a<b)$

(4) $\int\sqrt{(x-a)(x-b)}\,dx=\frac{2x-a-b}{4}\sqrt{(x-a)(x-b)}+\frac{(b-a)^2}{4}\arcsin\sqrt{\frac{x-a}{b-a}}$ $+C(a<b)$

11. 含有三角函数的形式

(1) $\int\sin x\,dx=-\cos x+C$

(2) $\int\cos x\,dx=\sin x+C$

(3) $\int\tan x\,dx=-\ln|\cos x|+C$

(4) $\int\cot x\,dx=\ln|\sin x|+C$

(5) $\int\sec x\,dx=\ln|\sec x+\tan x|+C$

(6) $\int\csc x\,dx=\ln|\csc x-\cot x|+C$

(7) $\int\sec^2 x\,dx=\tan x+C$

(8) $\int\csc^2 x\,dx=-\cot x+C$

(9) $\int\sec x\tan x\,dx=\sec x+C$

(10) $\int\csc x\cot x\,dx=-\csc x+C$

(11) $\int\sin^2 x\,dx=\frac{x}{2}-\frac{1}{4}\sin 2x+C$

(12) $\int\cos^2 x\,dx=\frac{x}{2}+\frac{1}{4}\sin 2x+C$

(13) $\int\sin^n x\,dx=-\frac{1}{n}\sin^{n-1}x\cos x+\frac{n-1}{n}\int\sin^{n-2}x\,dx$

(14) $\int\cos^n x\,dx=\frac{1}{n}\cos^{n-1}x\sin x+\frac{n-1}{n}\int\cos^{n-2}x\,dx$

(15) $\int\frac{dx}{\sin^n x}=-\frac{1}{n-1}\cdot\frac{\cos x}{\sin^{n-1}x}+\frac{n-2}{n-1}\int\frac{dx}{\sin^{n-2}x}$

(16) $\int\frac{dx}{\cos^n x}=\frac{1}{n-1}\cdot\frac{\sin x}{\cos^{n-1}x}+\frac{n-2}{n-1}\int\frac{dx}{\cos^{n-2}x}$

(17) $\int \sin ax\cos bx\,dx = -\frac{1}{2(a+b)}\cos(a+b)x - \frac{1}{2(a-b)}\cos(a-b)x + C$

(18) $\int \sin ax\sin bx\,dx = -\frac{1}{2(a+b)}\sin(a+b)x + \frac{1}{2(a-b)}\sin(a-b)x + C$

(19) $\int \cos ax\cos bx\,dx = \frac{1}{2(a+b)}\sin(a+b)x + \frac{1}{2(a-b)}\sin(a-b)x + C$

(20) $\int x\sin ax\,dx = \frac{1}{a^2}\sin ax - \frac{1}{a}x\cos ax + C$

(21) $\int x^2\sin ax\,dx = -\frac{1}{a}x^2\cos ax + \frac{2}{a^2}x\sin ax + \frac{2}{a^3}\cos ax + C$

(22) $\int x\cos ax\,dx = \frac{1}{a^2}\cos ax + \frac{1}{a}x\sin ax + C$

(23) $\int x^2\cos ax\,dx = \frac{1}{a}x^2\sin ax + \frac{2}{a^2}x\cos ax - \frac{2}{a^3}\sin ax + C$

12. 含有反三角函数的形式(其中 $a>0$)

(1) $\int \arcsin\frac{x}{a}\,dx = x\arcsin\frac{x}{a} + \sqrt{a^2-x^2} + C$

(2) $\int x\arcsin\frac{x}{a}\,dx = \left(\frac{x^2}{2}-\frac{a^2}{4}\right)\arcsin\frac{x}{a} + \frac{x}{4}\sqrt{a^2-x^2} + C$

(3) $\int \arccos\frac{x}{a}\,dx = x\arccos\frac{x}{a} - \sqrt{a^2-x^2} + C$

(4) $\int x\arccos\frac{x}{a}\,dx = \left(\frac{x^2}{2}-\frac{a^2}{4}\right)\arccos\frac{x}{a} - \frac{x}{4}\sqrt{a^2-x^2} + C$

(5) $\int \arctan\frac{x}{a}\,dx = x\arctan\frac{x}{a} - \frac{a}{2}\ln(a^2+x^2) + C$

(6) $\int x\arctan\frac{x}{a}\,dx = \frac{1}{2}(a^2+x^2)\arctan\frac{x}{a} - \frac{a}{2}x + C$

13. 含有指数函数的形式

(1) $\int a^x\,dx = \frac{a^x}{\ln a} + C$

(2) $\int e^{ax}\,dx = \frac{1}{a}e^{ax} + C$

(3) $\int xe^{ax}\,dx = \frac{1}{a^2}(ax-1)e^{ax} + C$

(4) $\int x^n e^{ax}\,dx = \frac{1}{a}x^n e^{ax} - \frac{n}{a}\int x^{n-1}e^{ax}\,dx$

(5) $\int xa^x\,dx = \frac{x}{\ln a}a^x - \frac{1}{(\ln a)^2}a^x + C$

(6) $\int e^{ax}\sin bx\,dx=\frac{1}{a^2+b^2}e^{ax}(a\sin bx-b\cos bx)+C$

(7) $\int e^{ax}\cos bx\,dx=\frac{1}{a^2+b^2}e^{ax}(b\sin bx+a\cos bx)+C$

14. 含有对数函数的形式

(1) $\int \ln x\,dx=x\ln x-x+C$

(2) $\int \frac{dx}{x\ln x}=\ln|\ln x|+C$

(3) $\int x^n\ln x\,dx=\frac{1}{n+1}x^{n+1}\left(\ln x-\frac{1}{n+1}\right)+C$

(4) $\int (\ln x)^n dx=x(\ln x)^n-n\int(\ln x)^{n-1}dx$

(5) $\int x^m(\ln x)^n dx=\frac{1}{m+1}x^{m+1}(\ln x)^n-\frac{n}{m+1}\int x^m(\ln x)^{n-1}dx$

附录二 习题参考答案

【课堂练习 1-1】参考答案

1. 8，$f(-3h)=18h^2+15h+1$，$f(x_0-\Delta x)=2(x_0-\Delta x)^2-5(x_0-\Delta x)+1$

2. $f(-1)=-4$，$f(1)=2$，$f(2)=5$

3. (1) $[-\sqrt{5},2)\cup(2,\sqrt{5}]$

(2) $(-\infty,-3)\cup(1,+\infty)$

4. $[-3,-1]\cup[1,3]$

5. $[-5,3]$

6. (1) 偶函数　　(2)奇函数

(3)非奇非偶函数

7. 无界函数

8. 单调递减区间为$(-\infty,-1)$，单调递增区间为$(-1,+\infty)$。

【课堂练习 1-2】参考答案

1. (1) $f(u(x))=\sin^5 x$；(2) $f(u(v(x)))=\cos e^{\sqrt{x}}$。

2. (1) 由 $y=3^u$ 和 $u=\dfrac{1}{x}$ 复合而成；

(2) 由 $y=u^3$，$u=\sin v$，$v=5x^2$ 复合而成；

(3) 由 $y=\ln u$，$u=\cos v$，$v=2\sqrt{x}$ 复合而成；

(4) 由 $y=e^u$，$u=\sin v$，$v=3x$ 复合而成。

3. $f(x)=x^2-2x+3$、$f(5)=18$ 和 $f(x^2)=x^4-2x^2+3$。

【课堂练习 1-3】参考答案

1. (1) $L(x)=-x^2+8x-7$；

(2) $L(4)=9$，$\bar{L}(4)=\dfrac{9}{4}$；

(3) $L(10)=-27$,亏损。

2. $p=20$, $Q=390$。

【课堂练习 1-4】参考答案

1. (1) 1;　(2) 0;　(3) 1。

2. $\lim\limits_{x\to 0^-}f(x)=0$, $\lim\limits_{x\to 0^+}f(x)=1$, $\lim\limits_{x\to 0^-}f(x)\neq\lim\limits_{x\to 0^+}f(x)$,故 $\lim\limits_{x\to 0}f(x)$ 不存在。

3. (1) -4;　(2) 4;　(3) $\frac{1}{6}$;　(4) 0。

4. (1) $\frac{1}{2}$;　(2) 0;　(3) ∞。

【课堂练习 1-5】参考答案

1. (1) $\frac{3}{2}$;　(2) $-\frac{1}{5}$;　(3) $\frac{2}{5}$。

2. (1) $-\frac{1}{3}$;　(2) π;　(3) $\frac{1}{2}$。

3. (1) e^5;　(2) $e^{\frac{1}{3}}$;　(3) e;　(4) e^6。

4. (1) e^3;　(2) e^6;　(3) e。

【课堂练习 1-6】参考答案

1. 0;　2. ∞;　3. $\frac{3}{2}$;　4. 2。

【课堂练习 1-7】参考答案

1. 不连续(间断);　2. 不连续(间断);　3. 不连续(间断)。

复习题一参考答案

一、1. $[3,+\infty]$;　2. -2, ln3;　3. 1,-1;　4. 0, ∞;　5. 3, $\frac{1}{2}$;　6. $e^{\frac{1}{2}}$, $e^{\frac{1}{3}}$。

二、1. B;　2. B;　3. C;　4. C;　5. D;　6. A。

三、1. $y=\ln u$, $u=\tan v$, $v=\sqrt{x}$;

2. $y=e^{u}, u=v^{3}, v=\sin x$ ；

3. $y=\cos u, u=\frac{1}{v}, v=\sqrt{w}, w=2x^{2}+1$。

四、$a=0, b=3$。

五、1. 2；　　2. 0；　　3. $\frac{1}{2}$ ；　　4. $2x$ 。

六、1. 6；　　2. $\frac{3}{4}$ ；　　3. $-\frac{1}{2}$ ；　　4. 2。

七、1. $\frac{7}{8}$；　　2. $e^{\frac{1}{2}}$ ；　　3. e^{2}；　　4. e。

八、$y=\begin{cases}1.1x, & 0\leqslant x\leqslant 100\\ 110+2.2(x-100), & x>100\end{cases}$ 。

九、甲银行。

十、$y=\begin{cases}5x, & 0\leqslant x\leqslant 40\\ 3x, & x>40\end{cases}$ ，$y(32)=160$(元)，$y(40)=120$(元)，$y(50)=150$(元) 。

【课堂练习 2-1】参考答案

1. $f'(x)=6x$ ，$f'(-1)=-6$；
2. $f'(x_{0})=-3$；
3. 6；
4. $3f'(x_{0})$ 。

【课堂练习 2-2】参考答案

1. (1) $y'=15x^{2}+3+2\sin x$ ；

   (2) $y'=\frac{-2}{(2x-3)^{2}}$ ；

   (3) $y'=x^{4}-\frac{25}{x^{6}}$ ；

   (4) $y'=\frac{5}{2}\sqrt{x^{3}}-\frac{1}{\sqrt{x}}$ 。

2. (1) $y'=3\sin(-3x)$ ；

   (2) $y'=(2x-2)\cdot e^{x^{2}-2x}$ ；

   (3) $y'=\frac{1}{2\sqrt{x}}e^{\sqrt{x}}$ ；

   (4) $y'=60\cdot(1+3x)^{19}$ 。

3. $y' = \dfrac{y-2x}{2y-x}$。

4. $y' = \dfrac{3x^2-2y}{e^y+2x}$。

5. $y' = x^{\cos x}\left(\dfrac{1}{x}\cos x - \sin x\ln x\right)$。

6. $y' = \dfrac{(x+1)\sqrt{2x-1}}{(x+3)^2 e^x}\left(\dfrac{1}{x+1}+\dfrac{1}{2x-1}-\dfrac{2}{x+3}-1\right)$。

7. $y'' = 36x^2-12x+2$。

【课堂练习 2-3】参考答案

1. 0.04，0.08。

2. (1) $dy = (3^x\ln 3 + 3\sin 3x)dx$；

(2) $dy = -3\sin(3x-2)dx$；

(3) $dy = (2x\ln x + x)dx$；

(4) $dy = (2x-2)\cos(x^2-2x-1)e^{\sin(x^2-2x-1)}dx$。

复习题二参考答案

一、1. $2e^{2x}$，$4e^{2x}$； 2. 7,42； 3. $\cot x\,dx$；

4. $-\sin x$； 5. $y-1=2x$； 6. 1。

二、1. C； 2. B； 3. D； 4. B； 5. A； 6. A； 7. B。

三、1. $2\cos x - x\sin x$； 2. $-2x\sin x^2$； 3. $\dfrac{1}{\cos x-1}$；

4. $\dfrac{1}{\sqrt{1+x^2}}$； 5. $-3\sin(4-6x)$； 6. $\dfrac{1-6x}{\sqrt{3-4x}}$。

四、1. $f'(1)=-2$，$f'(-1)=-2$，$f'(2)=-\dfrac{5}{4}$；

2. $f'(0)=3$，$f'\left(\dfrac{\pi}{2}\right)=1$，$f'(-\pi)=-3$。

五、1. $\dfrac{-7x}{\sqrt{2-7x^2}}dx$； 2. $\dfrac{1+x^2}{(1-x^2)^2}dx$； 3. $\dfrac{-x}{1-x^2}dx$。

六、切线方程：$\dfrac{\sqrt{3}}{2}x-y+\dfrac{1}{2}-\dfrac{\sqrt{3}}{12}\pi=0$；法线方程：$\dfrac{2\sqrt{3}}{3}x+y-\dfrac{1}{2}-\dfrac{\sqrt{3}}{9}\pi=0$。

七、$\left(\dfrac{1}{2},\dfrac{5}{2}\right)$，$\left(-\dfrac{1}{2},-\dfrac{5}{2}\right)$。

八、$f(x)$ 在分界点 $x=0$ 处可导且一阶导数值 $f'(0)=0$。

九、$f(x)$ 在点 $x=0$ 处不连续，$f(x)$ 在点 $x=0$ 处不可导。

十、$\Delta R = \mathrm{d}R = 110$(元)。

【课堂练习 3-1】参考答案

1. $\frac{3}{2}$； 2. $\frac{2}{3}$； 3. -1； 4. $\frac{3\ln 3}{4}$； 5. $\frac{5}{3}$； 6. $-\frac{1}{2}$； 7. $\frac{3}{2}$；

8. ∞； 9. $-\frac{5}{2}$； 10. ∞； 11. 1； 12. ∞； 13. $-\frac{1}{2}$。

【课堂练习 3-2】参考答案

1. 单调递减区间 $(0,2)$，单调递增区间 $(2,+\infty)$。
2. 单调递减区间 $(0,1)$，单调递增区间 $(-\infty,0)$、$(1,+\infty)$。
3. 单调递减区间 $(-2,3)$，单调递增区间 $(-\infty,-2)$、$(3,+\infty)$。
4. 单调递增区间 $(-\infty,0)$、$(0,+\infty)$，无单调递减区间。
5. 单调递增区间 $(-\infty,+\infty)$，无单调递减区间，无极值。
6. 单调递减区间 $(-\infty,-\frac{3}{2})$，单调递增区间 $(-\frac{3}{2},+\infty)$，极小值 $f(-\frac{3}{2})=-\frac{13}{4}$。
7. 单调递增区间 $(0,+\infty)$，无单调递减区间，无极值。
8. 单调递减区间 $(-1,\frac{5}{2})$，单调递增区间 $(-\infty,-1)$、$(\frac{5}{2},+\infty)$，极大值 $f(-1)=\frac{11}{6}$，极小值 $f(\frac{5}{2})=\frac{299}{24}$。
9. 单调递减区间 $(1,+\infty)$，单调递增区间 $(-\infty,1)$，极大值 $f(1)=0$。
10. 单调递减区间 $(-3,1)$，单调递增区间 $(-\infty,-3)$、$(1,+\infty)$，极大值 $f(-3)=\frac{6}{e^3}$，极小值 $f(1)=-2e$。

【课堂练习 3-3】参考答案

1. 最小值 $f(0)=0$，最大值 $f(4)=8$。
2. 最小值 $f(4)=-30$，最大值 $f(7)=51$。
3. 只有最小值 $f(2)=1+\ln 2$。
4. 当月租金为 350 元时，可获得最大收入为 10890 元。

【课堂练习 3-4】参考答案

1. 凹区间有 $(0,+\infty)$，凸区间有 $(-\infty,0)$。

2. 凹区间有 $(\frac{1}{2},+\infty)$，凸区间有 $(-\infty,\frac{1}{2})$。

3. 凹区间有 $(0,+\infty)$，凸区间有 $(-\infty,0)$，拐点为 $(0,0)$。

4. 凹区间有 $(-\infty,0)$ 和 $(1,+\infty)$，凸区间有 $(0,1)$，拐点分别有 $(0,3)$ 和 $(1,2)$。

5. 凹区间有 $(0,+\infty)$，凸区间有 $(-\infty,0)$，拐点为 $(0,-1)$。

6. 凹区间有 $(-\infty,-1)$ 和 $(1,+\infty)$，凸区间有 $(-1,1)$，拐点分别有 $(-1,e^{-\frac{1}{2}})$ 和 $(1,e^{-\frac{1}{2}})$。

【课堂练习 3-5】参考答案

1. (1) $R'(Q)=-\frac{2}{3}Q+400$；

(2) $R'(600)=0$，表示在需求水平为 600 千克时，每多(或少)销售 1 千克得到的收入增加(或减少)约 0 元；$R'(700)=-\frac{200}{3}$，表示在需求水平为 700 千克时，每多(或少)销售 1 千克得到的收入减少(或增加)约 $\frac{200}{3}$ 元。

2. $\eta(x)=\frac{4x^2-3\sqrt{x}}{2x^2-6\sqrt{x}}$，$\eta(2)=\frac{16-3\sqrt{2}}{8-6\sqrt{2}}$。

3. (1) $Q'(6)=-24$，表示销售价格水平为 6 时，价格每减少(或提高)1 时，需求量将会增加(或减少)约 24 个单位；

(2)需求弹性 $\eta_1(6)\approx-1.85$，表示销售价格水平为 6 时，价格每下降(或提高)1 个百分比时，需求量将会增加(或减少)约 1.85 个百分比；也可理解为在此价格水平时，价格下降(或提高)1%时，需求量将会增加(或减少)约 1.85%；

(3)收益弹性 $\eta_2(6)\approx-0.85$，表示销售价格水平为 6 时，价格每下降 1 个百分比时，总收益将会增加约 0.85 个百分比；也可理解为在此价格水平时，价格下降 2%时，总收益将会增加约 1.7%个百分比(0.85×2)。

复习题三参考答案

一、填空题

1. 1；　2. 1；　3. 0；　4. 0；　5. $f'(0)$；

6. $2^{\sin x}\cos x\ln2\mathrm{d}x$；

7. $\frac{4!}{(1+x)^5}$；

8. $y + ex = 0$；

9. $C'(x) = 7$，$R'(x) = 12 - 0.02x$ ，$L'(x) = 5 - 0.02x$ ，$x = 250$；

10. $-2\ln 2p$ 。

二、选择题

1. C；　2. B；　3. C；　4. A；　5. C；　6. C；

7. B；　8. D；　9. A；　10. B；　11. D；　12. B。

三、计算题

1. (1)2；　(2)1；　(3)$-\infty$ ；　(4) $\frac{1}{2}$ ；　(5)3。

2. (1)极值点为 $x = \frac{1}{2}$ ，函数有极大值 $f(\frac{1}{2}) = \frac{9}{4}$ ；(2)极值点为 $x = 0$，函数有极大值 $f(0) = -1$。

3. $(0, +\infty)$ 内单调增加，$(-1, 0)$ 内单调减少。

4. 单调递增区间为 $(0,2)$ ，单调递减区间为 $(-\infty,0)$ 、$(2,+\infty)$，极小值 $f(0)=0$，极大值 $f(2) = 4e^{-2}$ 。

5. 单调递增区间为 $(1, +\infty)$ ，单调递减区间为 $(0,1)$ ，极小值为 $f(1) = 1$。

6. (1)最小 0，最大 8；(2)最小 2，最大 66。

四、解答题

1. $q = 200$；

2. (1) $L(x) = 9\sqrt{x} - \sqrt{x^3} - 4$；(2) $x = 3$；

3. $x = 250$。

【课堂练习 4-1】参考答案

1. $-6x\cos 3x^2$；　2. 6；　3. $\frac{2x}{x^2+3}$ ；

4. $\sin x$ ；　5. $2^{3\sqrt{x}} + C$ ；　6. $x^3 + C$ 。

【课堂练习 4-2】参考答案

1. $\frac{x^2}{2} - \cos x + C$ ；

2. $-2\cos x + C$ 。

3. (1) $2x + C$ ；　(2) $\frac{3x^2}{2} + C$ ；　(3) $\frac{x^{11}}{11} + C$ ；　(4) $\frac{1}{9x^9} + C$ ；

(5) $-\frac{2\sqrt{x^3}}{3} + C$ ；　(6) $\frac{3\sqrt[3]{x^5}}{5} + C$ ；　(7) $\frac{5\sqrt[5]{x^6}}{6} + C$ ；　(8) $\sqrt{x} + C$ 。

4. (1) $\frac{x^6}{6}-\frac{x^4}{2}+\frac{3x^2}{2}-x+C$； (2) $\frac{x^3}{3}-x^2+x+C$；

(3) $x-\frac{2}{x}+\frac{3}{2x^2}+C$； (4) $\frac{3x^2}{2}+\frac{2}{\sqrt{x}}+C$。

5. (1) $\frac{3^x}{\ln 3}+C$； (2) e^x+x^2+C； (3) $\frac{6^x}{\ln 6}+C$； (4) $2e^x+C$。

6. (1) $\frac{5^x}{\ln 5}+3e^x+C$； (2) $\frac{2^x e^x}{1+\ln 2}+C$。

7. (1) $\frac{x^3}{6}-\frac{2}{x}+C$； (2) $\frac{x^3}{3}+\ln|x|+\frac{4\sqrt{x^3}}{3}+C$。

8. (1) $-3\cos x-2\sin x+C$； (2) $-\cot x-x+C$； (3) $-2\cos x+C$。

9. (1) $-\frac{1}{2x^2}-\arcsin x+C$； (2) $x-\arctan x+C$。

【课堂练习 4-3】参考答案

1. $\frac{1}{5}\ln|5x-1|+C$；

2. $\frac{1}{3}\sin 3x+C$；

3. $\frac{1}{2}\cos(-2x+5)+C$；

4. $\frac{1}{3}e^{-3x}+C$；

5. $\frac{1}{2}e^{2x-5}+C$；

6. $\arcsin\frac{x}{3}+C$；

7. $\frac{1}{3}\arctan\frac{x}{3}+C$；

8. $\frac{1}{6}e^{3x^2}+C$；

9. $\frac{(x^2+3)^{21}}{42}+C$；

10. $\frac{10\sqrt{(3x-1)^5}}{45}+\frac{10\sqrt{(3x-1)^3}}{27}+C$；

11. $2\sqrt{x}-\arctan\sqrt{x}+C$；

12. $\frac{3\sqrt[3]{x^2}}{4}-\frac{3\sqrt[3]{x}}{4}+\frac{3}{8}\ln|2\sqrt[3]{x}+1|+C$；

13. $3\ln|1+\sqrt[3]{x}|+C$；

14. $x-2\ln|x+2|+C$；

15. $\frac{3}{2}\ln(x^2+2)+C$；

16. $\frac{1}{7}\ln|x-5|-\frac{1}{7}\ln|x+2|+C$；

17. $\frac{1}{3}\arctan\frac{x+2}{3}+C$。

【课堂练习 4-4】参考答案

1. $-x\cos x+\sin x+C$；

2. $x\arctan 2x-\frac{1}{4}\ln|4x^2+1|+C$；

3. $\frac{x^2\ln x}{3}-\frac{x^3}{9}+C$；

4. $x\ln(x+1)-x+\ln(x+1)+C$；

5. $x^2e^x-2xe^x+2e^x+C$；

6. $x\lg x-\frac{x}{\ln 10}+C$。

【课堂练习 4-5】参考答案

1. $\frac{5}{2}$、$\frac{5}{6}$、$\frac{5}{6}$；　　2. 9、27

【课堂练习 4-6】参考答案

1. 0；　2. $e-\frac{1}{e}$；　3. 0；　4. $e-\sqrt{e}$

5. $\frac{\sqrt{1000}-1}{3}$；　6. $-\frac{2}{e}$；　7. $\frac{41}{6}$。

【课堂练习 4-7】参考答案

1. $\frac{1}{3}$；　　2. $\frac{1}{2}$。

复习题四参考答案

一、填空题

1. $2x$；　2. $\frac{1}{4}x^4$；　3. $F(x)+C$；　4. $\arctan x$；　5. $\sin x+C$；

6. $\frac{1}{2}$；7. $\frac{1}{a}\sin(ax+b)+C$；8. $-e^{-x}(x+1)+C$；

9. $\frac{1}{2}x\sin2x+\frac{1}{4}\cos2x+C$；10. -1。

二、选择题

1. D；2. D；3. B；4. D；5. A；6. C；7. D；

8. D；9. B；10. B；11. B；12. C；13. A；14. C；

15. C；16. A；17. A；18. A；19. D；20. C。

三、计算题

1. (1) $-\frac{1}{x}+c$；

(2) $-\frac{2}{3}x^{-\frac{3}{2}}+c$；

(3) $\frac{1}{3}x^3-2x^2+4x+c$；

(4) $x-\arctan x+c$；

(5) $2x-\frac{5\left(\frac{2}{3}\right)^x}{\ln2-\ln3}+c$；

(6) $-(\cot x+\tan x)+c$；

(7) $2e^x+3\ln|x|+c$；

(8) $\frac{4(x^2+7)}{7\sqrt[4]{x}}+c$。

2. 求下列不定积分：

(1) $-\frac{1}{8}(3-2x)^4+c$；

(2) $-\frac{1}{2}(2-3x)^{\frac{2}{3}}+c$；

(3) $-2\cos\sqrt{t}+c$；

(4) $\ln|\ln\ln x|+c$；

(5) $\ln|\tan x|+c$；

(6) $\arctan e^x+c$；

(7) $\frac{1}{2}\sin(x^2)+c$；

(8) $-\frac{3}{4}\ln|1-x^4|+c$；

(9) $\frac{1}{2\cos^2x}+c$；

(10) $\frac{1}{2}\arcsin\frac{2x}{3}+\frac{1}{4}\sqrt{9-4x^2}+c$ ；

(11) $\frac{1}{2\sqrt{2}}\ln\left|\frac{\sqrt{2}x-1}{\sqrt{2}x+1}\right|+c$ ；

(12) $\sin x-\frac{\sin^3 x}{3}+c$ ；

(13) $\frac{1}{2}\cos x-\frac{1}{10}\cos 5x+c$ ；

(14) $\frac{1}{3}\sec^3 x-\sec x+c$ ；

(15) $\frac{1}{2}x^2-\frac{9}{2}\ln(9+x^2)+c$ ；

(16) $\frac{1}{2\sqrt{3}}\arctan\frac{2}{\sqrt{3}}+c$ ；

(17) $-\frac{10^{2\arccos x}}{2\ln 10}+c$ ；

(18) $(\arctan\sqrt{x})^2+c$ 。

3. 求下列不定积分：

(1) $\ln|\csc t-\cot t|+c$ ；

(2) $-2(\sqrt{x}\cos\sqrt{x}-\sin\sqrt{x})+c$ ；

(3) $2(\tan\frac{\sqrt{x^2-4}}{2}-\arccos\frac{2}{x})+c$ ；

(4) $\frac{a^2}{2}(\arcsin\frac{x}{a}-\frac{x}{a^2}\sqrt{a^2-x^2})+c$ ；

(5) $\frac{x}{\sqrt{1+x^2}}+c$ ；

(6) $\sqrt{2x}-\ln(1+\sqrt{2x})+c$ ；

(7) $\frac{1}{2}(\arcsin x+\ln|x+\sqrt{1-x^2}|)+c$ ；

(8) $\arcsin x-\frac{x}{1+\sqrt{1-x^2}}+c$ 。

4. 求下列不定积分：

(1) $-x\cos x+\sin x+c$ ；

(2) $x\arcsin x+\sqrt{1-x^2}+c$ ；

(3) $\frac{1}{3}x^3\ln x-\frac{1}{9}x^3+c$ ；

(4) $-\frac{2}{17}e^{-2x}(\cos\frac{x}{2}+4\sin\frac{x}{2})+c$ ；

(5) $\frac{1}{3}x^3\arctan x-\frac{1}{6}x^2+\frac{1}{6}\ln(1+x^2)+c$ ；

(6) $x^2\sin x+2x\cos x-2\sin x+c$;

(7) $x\ln^2-2x\ln x+2x+c$;

(8) $\frac{1}{6}x^3+\frac{1}{2}x^2\sin x+x\cos x-\sin x+c$ 。

5. 求下列不定积分：

(1) $\frac{1}{3}x^3-\frac{3}{2}x^2+9x-27\ln|x+3|+c$ ；

(2) $\ln|x-2|+\ln|x+5|+c$ ；

(3) $\ln|x|-\frac{1}{2}\ln(x^2+1)+c$ ；

(4) $x^3+\arctan x+C$ 。

四、解答题

1. $\frac{3}{2}-\ln 2$；　　2. $\frac{64}{3}$ ；　　3. $\frac{5}{3}$ 。

参考文献

1. 谭绍义．经济数学基础．北京:人民邮电出版社,2010.
2. 周誓达．微积分．北京:中国人民大学出版社,2008.
3. 吴赣昌．微积分．北京:中国人民大学出版社,2011.
4. 王春珊．经济应用数学．北京:北京邮电大学出版社,2012.